1인
기업가 마인드

1인 기업가 마인드

발행일 2019. 5. 28 1판 1쇄 발행
        2021. 2. 25 1판 2쇄 발행
지은이 김진호
발행인 최순애
발행처 믿음의말씀사
2000. 8. 14 등록 제 68호
(우) 16934 경기도 용인시 기흥구 신정로 301번길 59
Tel. 031) 8005-5483   Fax. 031) 8005-5485
http://faithbook.kr

ISBN 89-94901-89-2 03230
값 13,000원

＊본 저작물의 저작권은 '믿음의말씀사'가 소유합니다.
　저작권법에 의해 보호를 받는 저작물이므로 무단 전재와 복제를 금합니다.

그리스도의 대사는 1인 기업가입니다

1인 기업가 마인드

김진호 지음

믿음의말씀사

| 목차 |

서문 1인 기업가입니까? _ 7

1장 하나님이 나의 복의 근원입니다 _ 17

2장 나는 하나님 나라의 사업가입니다 _ 51

3장 번영의 사고방식과 심고 거두는 법칙 _ 97

4장 하나님 왕국의 경영 _ 157

5장 1인 기업가의 인생 경영 _ 193

"그리스도의 대사는 1인 기업가입니다."

서 문

1인 기업가입니까?

1인 기업가입니까?

"목사님, 치유는 쉬운데 재정 분야는 왜 이렇게 어렵지요?"

우리 교회에서 처음으로 복음을 듣고 거듭난 성도나 다른 교회에서 신앙생활을 하다가 온 성도들도 거듭난 후 복음의 능력을 체험하면서 가장 많이 하는 말입니다. 이런 질문에 치유는 믿음만 있으면 되지만 재정 분야는 믿음만 가지고는 안 된다고 간단하게 대답을 해 줄 수는 없었습니다. 왜냐하면 재정 분야도 믿음만 있으면 되기 때문입니다. 그런데 문제는 무엇을 믿느냐는 것입니다. 예수 이름으로 명하거나 믿음으로 손을 얹기만 해도 간단한 병들이 낫는 것을 경험하긴 했으나 돈 문제는 "나는 부요한 자입니다."라고 고백해도 곧 돈이 생기지 않습니다. 예수님께서는 감사기도 한 번으로 떡 다섯 개와 물고기 두 마리로 남자만 오천 명을 먹인 경우도 있었습니다. 그러나 세금을 내기 위해서는 베드로를 보내 낚시를 해서 물고기를 잡도록 하셔서 그 물고기가 입에 물고 있는 한 세겔을 취하여 세금을 내도록 하셨습니다. 더 많은 돈이 필요했다면 더 많은 물고기를 잡아야 했을 것이며 베드로에게 물고기 잡는 것은 취미가 아니라 직업이었습니다.

창조주 하나님께서 우리의 아버지가 되셨으면 이 세상의 모든 피조물은 우리 아버지의 것입니다. 좋으신 우리 아버지께서는 자녀들에게 아버지의 모든 좋은 것을 아낌없이 주시고 우리가 누리기를 원하십니다. 문제는 내가 하나님을 아버지로 믿을 뿐만 아니라, 내게 재물을 주시고 누리게 하시는 분임을 믿느냐는 것입니다. 과거에는 율법적이든 복음적이든 그리스도인이면 당연히 드리던 십일조였습니다. 그러나 요즘은 온갖 유투브 설교자들이 율법적으로 드릴 필요는 없다거나, 마음으로 기꺼이 드릴 수 있는 만큼만 드리면 된다고 하는 주장들이 있는 것 같습니다.

십일조를 꼭 드려야 하는가? 이는 마치 효도를 해야 하는가? 감사한 마음을 꼭 물질로 표현해야 하는가? 부모님께 용돈을 드려야 하는가? 이런 질문과 같습니다. 당연히 꼭 드릴 필요는 없습니다. 재정적으로 빠듯한 살림살이를 하는 자녀라면 부모님도 받기를 원하지 않으실 것입니다. 안 드려도 괜찮습니다. 부모님도 사양하실 것입니다. 그러나 성경은 뭐라고 말씀하고 있습니까? "네 부모를 공경하라 그리하면 네 하나님 여호와가 네게 준 땅에서 네 생명이 길리라."(출 20:12) 부모님께 용돈을 드리는 것이 부모님을 공경하는 것이라면 그렇게 하십시오. 당신은 이 땅에서 생명이 길 것이라는 약속을 취할 수 있습니다.

부모를 공경하는 것은 선택 사항이 아닙니다. 십일조를 드리는 것도 선택 사항이 아닙니다. 십일조를 드리지 않는 것은 하나님의 것을 도둑질하는 것이라고 말씀하셨습니다. 하나님의 계명을 지키는 문제가 아니라 하나님이 나의 재물의 주인이시며, 그분이 내게 재물 얻을 능력을 주시는 분이라는 나의 믿음을 고백하는 행위입니다. 죄와 허물로 죽었던 자를 살리시고 영생을 주신 하나님을 믿는다고 하면서 그분이 주신 재물에 감사하여 십분의 일을 주님께 드리는 것을 아까워한다면 그의 믿음은 무엇입니까? 그에게 그리스도의 십자가는 무슨 의미가 있습니까?

재정 분야가 치유보다 어려운 것은 돈은 치유처럼 하나님이 주시는 것을 받을 수 있는 것이 아니라 내가 벌어야 하는 것이기 때문입니다. 돈은 국가에서 그 교환 가치를 인정하는 종이입니다. 하나님의 나라에서는 지폐를 발행하지 않습니다. 하나님은 우리에게 "재물을 얻을 수 있는 능력을 주시는 분"입니다. 사람들에게 필요한 것을 제공해 줄 때 돈으로 값을 쳐서 줍니다. 그리스도인은 하나님이 주신 "재물 얻을 능력"을 개발해서 돈을 벌어서 하나님이 기뻐하시는 일에 씁니다. 그러므로 돈을 많이 벌려면 세상에서 값을 많이 쳐 주는 그런 상품이나 서비스나 기술을 제공할 수 있는 사람이 되어야 합니다. 특별한 기술이 있다면 특허를 내기도 하고 독점 가격을 받을 수도 있습니다.

성경에서 가장 지혜롭고 부요했던 솔로몬 왕이 기록한 잠언에는 오직 어떤 사람이 되어서 어떻게 살아야 하는지를 아버지가 자녀에게 하듯이 교훈하고 있습니다. 세상에는 돈보다 돈을 맡길 만큼 믿을 만한 사람이 더 귀하고 이런 사람을 돈으로 구할 수는 없습니다. 그러므로 좋은 성품과 재물을 얻고 관리할 능력이 있는 사람은 세상에서 하나님께 매우 소중한 사람입니다.

그리스도인은 하나님의 왕국의 번영을 위해 세상으로 보냄 받은 그리스도의 대사입니다. 이 책은 대사로서 하나님 나라의 목적을 위해서 자신의 삶을 잘 경영하는 데 필요한 것 다섯 가지를 다루었습니다.

제1장 – "하나님이 나의 복의 근원"이라는 믿음입니다

창조 때부터 하나님은 첫 사람 아담과 하와를 축복하셨습니다. 우리는 이 세상에서 그리스도를 대신하여 그리스도께서 하시던 일을 하기 위해 하나님의 나라에서 파송되었습니다. 대사는 파송국의 지시를 받으며 파송국의 지원을 받아 일합니다. 나의 잔을 채워주시는 하나님은 무한한 공급의 근원이시며, 나의 잔은 항상 열려 있으므로 하나님의 공급에는 제한이 없습니다. 그러므로 나의 잔은 항상 넘쳐날 수 있습니다.

제2장 – "나는 하나님 나라의 사업가"라는 믿음입니다

그리스도의 대사라는 것은 예수 그리스도로 말미암은 새 언약에 근거한 것입니다. 그러나 문제는 성경이 말하고 있는 나의 신분과 권세를 내가 바로 알고 믿느냐는 것입니다. 이 믿음은 아벨의 제사를 시작으로, 아브라함, 이삭, 야곱의 제사와 믿음의 고백으로 반복해서 증거 되었습니다. 야곱은 이렇게 서원하였습니다. "하나님이 나와 함께 계셔서 내가 가는 이 길에서 나를 지키시고 먹을 떡과 입을 옷을 주시어 내가 평안히 아버지 집으로 돌아가게 하시오면 여호와께서 나의 하나님이 되실 것이요 내가 기둥으로 세운 이 돌이 하나님의 집이 될 것이요 하나님께서 내게 주신 모든 것에서 십분의 일을 내가 반드시 하나님께 드리겠나이다."(창 28:20-22) 야곱은 할아버지 아브라함 아버지 이삭과 함께 살면서도 여기서 처음으로 "여호와께서 나의 하나님이 되실 것이요"라고 고백합니다. 지금도 여전히 하나님은 각 사람에게 하나님이 어떤 분인지 증명할 믿음의 고백을 요구하십니다. 하나님의 목적을 이 땅에서 이루는 "왕국 사업"에 꼭 필요한 동업자로 나를 부르신 것을 알았으니 나도 믿음으로 동의를 나타내야 합니다.

제3장 – "번영의 사고방식과 심고 거두는 법칙"을 배워 실천하는 것입니다

하나님의 사고방식을 익히는 것은 일평생 해야 할 일입니다. 그러나 성경에 나타난 번영에 대한 모든 말씀이라도 먼저 철저하게 공부해야 합니다. 말씀으로 생각하는 훈련을 통해 하나님의 번영의 사고방식을 장착하였으면 심고 거두는 원리를 따라 하나님 나라의 일과 사람과 이웃에게 끝없이 심어야 합니다. 주는 것이 받는 것보다 복되다는 말씀을 믿는 것은 하나님이 나의 복의 근원이라는 확신이 있기 때문입니다. 법칙은 하나님을 믿는 믿음과 관계없이 모든 사람에게 똑같이 역사합니다. 그러므로 하나님의 자녀일지라도 이 원리대로 살지 않으면 하나님 아버지께서도 자녀들이 형통할 수 있도록 도와줄 수 없습니다.

제4장 – "하나님 왕국의 경영"은 바로 복음 전파, 영혼 구원, 제자 삼기, 교회 개척, 선교에 관한 것입니다

하나님의 관심은 모든 사람이 복음을 듣고 믿어 구원을 받는 것입니다. 예수님이 잃어버린 자를 찾아 구원하셨듯이 우리가 번영해야 하는 이유도 바로 이 땅에서 하나님의 나라를 확장하기 위해서입니다. 하나님의 나라를 먼저 구하는 일은 그리스도인과 교회의 절대적인 사명입니다. 주님 앞에 서는 그날 "잘 하였도다" 칭찬 들을 수 있도록 "착하고 충성된 청지지"의 사명을 잘 감당하는 것입니다.

제5장 – "1인 기업가의 인생 경영"은 하나님과 동역하는 1인 기업가에게 필요한 것들을 요약한 것입니다

경영은 미래를 대비하여 현재 가지고 있는 자원과 기회를 사용하여 이익이 남는 사업을 하는 기술입니다. 주님의 말씀처럼 우리는 이 세대의 아들들보다 더 지혜 있게 행동해야 합니다 (눅 16:1-13). 불의한 청지기는 "지혜롭게" 자신이 가지고 있는 기회, 즉 시간과 직분과 권세를 활용하여 해고당하기 전에 미리 살 길을 대비했습니다. 주님 앞에 서는 그날을 대비하는 것은 구원받은 사람의 당연한 준비입니다. 주인은 청지기에게 기대하는 것을 분명히 밝혀 주셨습니다.

첫째는 "지극히 작은 것"에 충성된 자에게 큰 것을 맡기십니다.
둘째는 "불의한 재물"에 충성된 자에게 참된 것을 맡기십니다.
셋째는 "남의 것"에 충성된 자에게 자신의 것도 주십니다.

하나님 왕국의 경영 원리

GOD

〈복의 근원 하나님〉

지혜와 계시 Prosperity
통찰력 Insight
개념 Concept / 아이디어 Idea
(원리, 음성, 예언, 환상, 꿈)

여호와를 공경함
하나님의 나라와 그의 의를 구함
주님과 복음을 위하여 헌신함
주님을 사랑하며 섬기는 삶

〈 자기 개발과 자기 사업 〉

지혜와 훈련
노동 (저축)
투자 (자본소득)
사업 (이윤)

＋

소유로 섬김
시간 Time
재능 Talent
재물 Treasure

내가 너로 큰 민족을 이루고 네게 복을 주어
네 이름을 창대하게 하리니 너는 복이 될지라

너를 축복하는 자에게는 내가 복을 내리고
너를 저주하는 자에게는 내가 저주하리니
땅의 모든 족속이 너로 말미암아 복을 얻을 것이라
하신지라

창세기 12:2-3

1

하나님이 나의
복의 근원입니다

Chapter 1

My Cup Overflows :

" 당신의 인생의 컵은 끝없이 샘솟는 영(Spirit)의 샘물(근원)이며,
그 영(Spirit)은 삶의 재료입니다.

Arnold Fox, MD & Barry Fox, PhD, "Making Miracles"
(1989, Napoleon Hill Foundation), p63–65.

하나님이 나의 **복**의 **근원**입니다

My Cup Overflows
내 잔이 넘치나이다

여호와는 나의 목자시니 내게 부족함이 없으리로다
그가 나를 푸른 풀밭에 누이시며
쉴 만한 물 가로 인도하시는도다
내 영혼을 소생시키시고
자기 이름을 위하여 의의 길로 인도하시는도다
내가 사망의 음침한 골짜기로 다닐지라도
해를 두려워하지 않을 것은
주께서 나와 함께 하심이라
주의 지팡이와 막대기가 나를 안위하시나이다
주께서 내 원수의 목전에서 내게 상을 차려 주시고
기름을 내 머리에 부으셨으니
내 잔이 넘치나이다
내 평생에 선하심과 인자하심이 반드시 나를 따르리니
내가 여호와의 집에 영원히 살리로다

시편 23편

다윗은 여호와가 자신의 목자이므로 어떤 부족함도 없다는 고백으로 시작해서 목자이신 하나님이 자기의 잔이 넘치도록 부어주신다고 노래했습니다. 이 시편에는 어떤 부족함도 없고 자기 잔으로는 다 담을 수도 없도록 차고 넘치도록 부어주시는 하나님에 대한 다윗의 믿음이 잘 표현되어 있습니다.

시편 23편은 성도들은 물론 세상에서도 사랑을 받는 가장 유명한 시편입니다. 특히 노만 필 목사님이 쓴 책이 "적극적 사고방식"[1]이라고 번역되어 우리나라에서도 많이 읽혀졌습니다. 그는 이 책에서 시편 23편을 아침과 저녁으로 읽으며 상상함으로써 이 시편의 긍정적인 축복의 내용을 묵상하는 훈련을 소개했습니다. 성경이 강조하고 있는 말씀 고백의 능력과 효과를 가장 사랑받는 쉽고 짧은 시편 23편을 통해 누구나 쉽게 경험할 수 있도록 한 책입니다. 이 책은 세계적으로도 수천만 부가 팔린 스테디셀러가 될 만큼 사랑을 받는 책입니다.

---

1) 노만 필, "적극적 사고방식(The Power of Positive Thinking)," (지성문화사:1994)

1장
하나님이 나의 복의 근원입니다

사람은 번성하고 다스리도록 창조되었습니다

> 하나님이 그들에게 복을 주시며 하나님이 그들에게 이르시되 생육하고 번성하여 땅에 충만하라, 땅을 정복하라, 바다의 물고기와 하늘의 새와 땅에 움직이는 모든 생물을 다스리라 하시니라
>
> 창 1:28

하나님께서는 세상의 모든 피조물을 창조하신 후에 맨 마지막으로 아담과 하와를 만드셨습니다. 그리고 그들에게 가장 먼저 하신 일은 복을 주시는 것이었습니다. 이처럼 인간은 하나님께 지음을 받고 하나님의 축복을 받았습니다. 그 축복의 내용은 바로 모든 피조물을 하나님을 대신하여 다스리고 경영하고 이용하며 보호하는 권세, 즉 자신에게 주어진 세상을 왕으로서 다스리는 "왕적 권세"였습니다. 이는 그 땅을 경작하며 지키는 것이었습니다.

여호와 하나님이 그 사람을 이끌어 에덴 동산에 두어 그것을 경작하며 지키게 하시고 여호와 하나님이 그 사람에게 명하여 이르시되 동산 각종 나무의 열매는 네가 임의로 먹되 선악을 알게 하는 나무의 열매는 먹지 말라 네가 먹는 날에는 반드시 죽으리라 하시니라   창 2:15-17

아담이 마귀에게 넘겨준 것을 빼앗아 오신 예수 그리스도

마귀가 또 예수를 이끌고 올라가서 순식간에 천하만국을 보이며 이르되 이 모든 권위와 그 영광을 내가 네게 주리라 이것은 내게 넘겨 준 것이므로 내가 원하는 자에게 주노라   눅 4:5-6

아담이 범죄한 후에 사단은 세상에 대한 통치권을 넘겨받았습니다. 마귀가 예수님을 시험하는 장면을 기록한 위의 구절을 보아도 그 사실을 확인할 수 있습니다. 마귀는 예수님께 세상을 보여주며 "이 모든 권위와 영광이 나에게 넘겨졌고, 원하면 너에게 주겠다"라고 말했고, 예수님께서도 이에 대해 반박하거나 거짓말이라고 말씀하지 않으셨습니다.

> 이르시되 때가 찼고 하나님의 나라가 가까이 왔으니 the kingdom of God is at hand 회개하고 복음을 믿으라 하시더라   막 1:15

예수님은 자신을 통하여 하나님의 왕국이 임한 것을 선포하셨습니다. 예수님께서 많은 병자를 고치시는 것을 보고 사람들이 더 머물러 달라고 청하자, 예수님은 이를 거절하시면서 "다른 도시에도 하나님의 나라를 전해야 한다. 그것이 내가 이 땅에 보냄 받은 이유이다."라고 말씀하셨습니다. 즉 공생애 동안 예수님을 통하여 나타난 수많은 치유와 기적들은 그분을 통하여 임한 하나님의 나라를 알리는 신호들이었습니다.

> 그러나 내가 하나님의 성령을 힘입어 귀신을 쫓아내는 것이면 하나님의 나라가 이미 너희에게 임하였느니라   마 12:28

> 통치자들과 권세들을 무력화하여 드러내어 구경거리로 삼으시고 십자가로 그들을 이기셨느니라   골 2:15

그러나 하나님께 감사드립니다. 예수님께서 십자가에서 죽으셨다가 사망과 지옥의 열쇠를 빼앗아 부활하셨고, 마귀는 이제 무장해제 되었습니다(계 1:18). 이제 사단은 통치할 영토가 없어졌기 때문에 이 땅에서 그의 모든 통치 활동은 불법이 되었습니다. 예수님의 구원은 사단의 통치로부터 모든 믿는 자들을 자유하게 하셨습니다. 이제 누구나 사단의 권세에서 벗어나 하나님의 통치를 받을 수 있게 되었습니다. 거듭나서 하나님의 자녀가 되면 자녀의 권세로 사단을 능히 물리칠 수 있게 되었습니다.

여기서 하나님의 나라는 우리가 지금 알고 있는 법치를 하는 민주주의 나라가 아니라 근대 이전의 "왕국"의 개념에 더 가깝습니다. "왕국"이란 무엇입니까? "킹덤 kingdom"은 "왕 king"과 "영역 domain"이 결합된 것으로서, 한마디로 "왕의 통치가 미치는 영역"이라는 뜻입니다. 지역이나 영토를 초월하여 "왕의 통치가 영향력을 끼치는 영역"을 말합니다.

하나님의 왕국이란 단지 하나님의 보좌가 있는 그곳뿐만이 아니라, 하나님의 통치와 영향력이 미치는 모든 범위를 통칭합니다. 그래서 예수님께서는 "하나님의 나라 The kingdom of God 는 볼 수 있게 임하는 것이 아니요 또 여기 있다 저기 있다고도 못하리니 하나님의 나라는 너희 안에 있느니라"고 말씀하셨습니다(눅 17:20-21). 우리가 거듭나서 예수님을 주님으로 모시고 그분께 우리의 삶을 다스리도록 내어드릴 때, 하나님이 다스리는 왕국이 우리 안에 있게 됩니다. 그러므로 주님을 왕으로 모시고 사는 사람은 그리스도의 삶에 나타났던 권세와 능력으로 왕 노릇하며 살 수 있습니다.

교회의 사명

> 나도 너에게 말하노니, 너는 베드로라. 그리고 이 반석 위에 내가 나의 교회를 세우리니, 지옥의 문들이 그것을 이기지 못하리라.
> 마 16:18 한글킹제임스

그리스도인들이 이 땅에서 사는 목적은 하나님의 나라를 확장하는 것입니다. 이를 위해 주님을 머리로 하여 모인 그리스도인들의 몸이 교회입니다. 위 구절에서 '지옥의 문들'이란 구원받지 못한 사람들이 마귀에게 종노릇하며 갇혀 있는 상태를 의미합니다. 마귀의 지배 아래 살고 있는 한 그들은 부활 후에 있는 심판에 따라 결국 지옥으로 가게 될 것입니다. 그러나 우리가 이 땅에 살아 있는 동안 그들에게 복음을 전하면, 예수님께서 말씀하신 '지옥의 문들'은 열릴 수밖에 없습니다. 이것을 라인하르트 본케[2] 목사님은 영혼구원은 "지옥에 침입하여 그곳에 묶여

---

[2] 라인하르트 본케(1994), "타오르는 전도의 열정", 서울서적, 133 페이지 이하. 새로나온 번역 "불의 전도" (서로사랑)

있는 영혼들을 빼앗아오는 것"이라고 표현하셨습니다. 이 세상의 모든 불신자들은 마귀에게 속아서 어둠 가운데 있다는 것을 알지도 못한 채 마귀의 종노릇하며 살고 있습니다. 그리스도인들이 복음을 들고 가서 그들의 눈을 열어 주어 생명의 빛 가운데로 나오도록 해야 합니다(요 8:12).

그러므로 교회를 세우는 것은 지옥을 침노하여 적극적으로 빼앗아오는 공격 전쟁입니다. '지옥의 문들이 이기지 못하리라'고 하신 예수님의 말씀은 교회가 지옥의 대문을 부수고 들어가서 영혼들을 구하라는 것입니다. 그리스도께서 이미 사단을 무장해제하시고 승리하셨기 때문에, 우리는 승리한 자로서 예수의 이름으로 담대히 나아가기만 하면 됩니다. 복음을 들고 하나님의 왕국을 확장시키기 위해 나아가는 사람들 앞에는 어떤 지옥의 문도 대항할 수 없습니다.

> 침례 요한의 때부터 지금까지 천국[하나님의 왕국]은 침노를 당하나니 침노하는 자는 빼앗느니라 마 11:12
> the kingdom of heaven suffereth violence, and the violent take it by force

> 율법과 선지자는 요한의 때까지요 그 후부터는 하나님 나라의

> 복음이 전파되어 사람마다 그리로 침입하느니라　　눅 16:16
> the kingdom of God is preached, and every man presseth into it [KJV]

우리는 어둠의 권세 아래 갇혀 있는 사람들에게 "침노"하고 "침입"하여 그들을 하나님의 아들의 사랑의 나라로 옮겨와야 할 사명을 받았습니다(골 1:13). 마태복음 11:12을 킹제임스 역본은 이렇게 번역하였습니다. "천국은 폭력으로 탈취되고, 폭력을 쓰는 자들이 힘으로 그것을 차지하느니라." 천국을 "폭력으로 쟁취한다take it by force"라거나, 천국에 "밀고 들어간다press into"라는 표현에서 우리는 "믿음의 급진성"을 볼 수 있습니다. 진짜 믿음을 가진 사람은 단지 적극적인 것을 넘어 '급진적'이 됩니다. 믿음은 성령님이 주시는 창의적인 방법을 찾고 다른 사람이 보지 못하는 기회를 잡습니다.

치유의 능력이 예수님과 함께 하고 있었지만 그 능력을 취한 사람은 혈루증을 앓고 있던 그 여인뿐이었습니다. 그녀는 목숨을 걸고 밖으로 나와서, 누구에게도 들어 본 적이 없는 믿음의 행동을 하였습니다. '내가 만약 그분의 옷만 만져도 낫게 되리라'(막 5:28). 이런 갈급함이 그녀로 하여금 급진적이고 창의적인 믿음의 행동을 취하게 하였으며 치유의 능력은 그녀를 낫게 했습니다.

그리스도의 대사

> 그분께서 우리를 흑암의 권세로부터 구하여 내셔서 그분의 사랑하는 아들의 나라로 옮겨 주셨으니   골 1:13 한글킹제임스

로마가 통치하던 시대에 로마의 시민권자는 일반적인 유대인들이 누리지 못하던 특권을 누렸습니다. 바울은 로마의 시민권자였기 때문에 재판도 없이 매질을 당하자 로마법에 따라 재판을 받게 해 달라고 요청하였고 재판을 받기 위해 로마로 호송되었습니다. 그리스도인들은 하나님의 나라의 시민권자들입니다.

> 그러므로 우리가 그리스도를 대신하여 사신 ambassadors for Christ 이 되어 하나님이 우리를 통하여 너희를 권면하시는 것 같이 그리스도를 대신하여 간청하노니 너희는 하나님과 화목하라
> 고후 5:20

그리스도인은 영적으로는 하나님의 나라에 속해 있지만, 실제로는 지금 여기 세상에서 살고 있습니다. 그리스도인은 하나님의 왕국에서 하나님의 목적에 따라 파송되어 그 왕국의 이익을 위해서 일하고 있는 "그리스도의 대사"입니다.

하나님 그의 아버지를 위하여 우리를 왕들과 제사장들로 삼으신 그분께 영광과 권세가 영원 무궁토록 있을지어다. 아멘.

계 1:6 한글킹제임스

"우리 하나님 앞에 우리를 왕들과 제사장들로 삼으셨음이니, 우리가 땅 위에서 왕노릇 하리이다"라고 하니라.

계 5:10 한글킹제임스

그리스도인은 자신이 살고 있는 시대에 자신이 다스릴 수 있는 통치 영역에서 하나님의 왕국을 책임진 왕입니다. 우리는 이 세상과 환경을 그리스도를 대신하여 다스리는 왕입니다. 동시에 복음을 전하여 영혼을 구원하여 하나님께 드리는 제사장입니다. 그러므로 하나님의 나라와 그의 의를 구하는 것은 그리스도인의 유일한 사명입니다. 우리를 파송하신 하나님은 이 사명을 이루는데 필요한 모든 것을 공급해 주실 것을 약속하셨습니다.

그런즉 누구든지 사람을 자랑하지 말라 만물이 다 너희 것임이라 바울이나 아볼로나 게바나 세계나 생명이나 사망이나 지금 것이나 장래 것이나 다 너희의 것이요 너희는 그리스도의 것이요 그리스도는 하나님의 것이니라

고전 3:21-23

그러므로 염려하여 이르기를 무엇을 먹을까 무엇을 마실까 무엇을 입을까 하지 말라 이는 다 이방인들이 구하는 것이라 너희 하늘 아버지께서 이 모든 것이 너희에게 있어야 할 줄을 아시느니라 그런즉 너희는 먼저 그의 나라와 그의 의를 구하라 그리하면 이 모든 것을 너희에게 더하시리라 마 6:31-33

그리스도의 대사들이 파송 받은 나라에서 사명을 잘 수행할 수 있도록 하나님은 모든 것을 준비해 놓으셨습니다. 이 모든 것이 다 우리의 것이요 우리는 그리스도의 것입니다. 우리가 하나님의 나라를 먼저 구하면 우리의 모든 재정적인 필요를 공급해 주실 것이라고 약속하셨습니다.

우리가 재정적으로 번영해야 하는 이유

하나님은 첫 사람 아담을 창조하시고 복을 주셔서 에덴동산의 모든 피조물의 혜택을 마음껏 누리도록 하셨습니다. 마귀에게 속아서 죄의 종이 된 사람들을 주님이 오셔서 속량하셨습니다. 이제 그리스도 안에 있는 사람은 누구나 그리스도 안에서 하늘에 속한 모든 영적인 복을 이미 다 받았습니다. 이제 우리의 사명은 영적인 세계에서 우리에게 주어진 것을 이 땅의 물질적인 세계에서 실현하는 것입니다. 이것은 오직 우리의 혼을 말씀으로 새롭게 할 때만 가능합니다. 재정의 번영도 이 원리대로 할 때 가능합니다. 돈은 세상에서 왕으로서 다스리며 제사장으로서 영혼을 구원하는데 좋은 도구입니다. 그러므로 재정적인 번영은 우리가 구하고 누려야 하는 중요한 특권입니다. 재물이라는 충성된 종을 마음껏 부릴 수 없으면 우리의 능력과 영향력은 크게 제한을 받을 수 있습니다.

> 찬송하리로다 하나님 곧 우리 주 예수 그리스도의 아버지께서 그리스도 안에서 하늘에 속한 모든 신령한 복을 우리에게 주시되
> 엡 1:3
> Blessed be the God and Father of our Lord Jesus Christ, who hath blessed us with all spiritual blessings in heavenly places in Christ [KJV]

> 사랑하는 자여 네 영혼이 잘됨 같이 네가 범사에 잘되고 강건하기를 내가 간구하노라
> 요삼 1:2
> Beloved, I wish above all things that thou mayest prosper and be in health, even as thy soul prospereth [KJV]

1. 사람은 일을 하면서 살도록 창조되었기 때문입니다

여호와 하나님이 그 사람을 이끌어 에덴 동산에 두어 그것을 경작하며MSG: to work the ground 지키게 하시고keep it in order

창 2:15

아담은 땅을 경작하고 지키도록 창조되었습니다. 예수님도 목수라는 직업을 가지고 일을 배우며 성장하셨습니다, 공생애를 시작하신 후에는 함께 하는 제자들을 통해 재정적인 후원을 받으시며 사명에 전념하셨습니다(눅 8:2-3). 주님의 사명은 하나님의 능력과 성품을 나타내며 하나님의 나라가 가까이 왔음을 선포하는 일이었으며, 궁극적으로는 십자가에서 죄인을 대신하여 죽으심으로 우리를 구원하는 속량 사역이었습니다.

내 아버지께서 이제까지 일하시니 나도 일한다   요 5:17

누구든지 자기 친족 특히 자기 가족을 돌보지 아니하면 믿음을 배반한 자요 불신자보다 더 악한자니라   딤전 5:8

그리고 우리가 여러분에게 명령한 대로 조용하게 살기를 힘쓰고,

자기 일에 전념하고, 자기 손으로 일을 하십시오. 그리하여 여러분은 바깥 사람을 대하여 품위 있게 살아가야 하고, 또 아무에게도 신세를 지는 일이 없도록 해야 할 것입니다.

살전 4:11-12 새번역

우리가 너희와 함께 있을 때에도 너희에게 명하기를 누구든지 일하기 싫어하거든 먹지도 말게 하라 하였더니　　살후 3:10

이런 자들에게 우리가 명하고 주 예수 그리스도 안에서 권하기를 조용히 일하여 자기 양식을 먹으라 하노라　　살후 3:12

This must not be tolerated. We command them to get to work immediately--no excuses, no arguments-- and earn their own keep [MSG]

이런 것은 그냥 넘어가서는 안 됩니다. 우리는 이런 사람들에게 즉시 일하라고 명령합니다. 아무 변명이나 핑계를 용납하지 말고 그들이 먹을 것을 벌라고 하십시오.(필자의 번역)

데살로니가 교회 성도들 중에서 예수님의 재림을 오해한 나머지 일을 하지 않고 있던 사람들에 대하여 바울은 분명히 일을 하여 자기 양식을 먹어야 한다고 가르쳤습니다. 구약성경의 배경이 되는 시대는 농경사회였으며 이스라엘 민족은 유목민족이었습니다. 그들은 가족을 중심으로 가축을 방목하면서 살았으므로, 가정과 일터가 하나였으며, 부족 중심으로 한 마을을 이루고 살았습니다.

그러나 우리는 산업사회를 거쳐 지식정보사회에 이르면서 오랜 기간 동안 학교에서 교육을 받고 사회에서 직장 생활을 하게 되었습니다. 그러므로 일터는 자신의 능력을 향상시키고 발휘하며 기업의 목적을 이루는 데 기여하는 곳이며, 수많은 사람들을 만나 관계를 맺으며 함께 일하는 곳이 되었습니다. 그러므로 직장에 다니든지 자기 사업을 하든지 1인 기업가로서 컨텐츠를 생산하는 지식 노동자로 살든지 일하여 수입을 얻어야 합니다. 일을 하면 가족을 부양하고 삶의 질을 향상시키며, 가난한 사람들을 돕고 선한 사업을 많이 할 수도 있습니다. 사도 바울은 랍비로서 천막을 만드는 기술자였습니다. 그는 고린도교회에서와 같이 장기적으로 머물게 되었을 때는 기꺼이 천막을 만드는 일을 하였습니다.

개척한 교회가 목회자의 생활비를 지출할 수 있을 때까지 목사는 성급하게 일을 그만두어 불필요한 고통을 자초할 필요가 없습니다. 주님을 본받아서 교회는 처음부터 성도들의 집에서 함께 모였습니다. 사도 바울은 스스로 일하면서 영혼을 구원하고 제자를 삼고 교회를 세운 후에는 목사를 세워놓고 다른 곳으로 떠났습니다. 지금까지 한국 교회의 대부분의 목사들은 고등학교 졸업과 동시에 신학대학에 진학하여 신학대학원을 마칠 때까지 최소한 7년을 교회에서 전도사로 섬기면서 목회자 훈련을 받아 목사로 안수를 받았습니다. 그러나 이런 과정은 스스로 전도하여 제자를 만드는 경험과 기술이 부족해지기 쉽습니다. 기존 교회의 설교, 심방, 행사와 프로그램, 출석 성도 관리형 목회를 배운 사람들은 교회를 개척하는 일보다는 기존 교회 목회자의 후임자가 되고 싶어 합니다.

세상에서 직장생활을 해 보지 않으면 무엇보다도 일하는 성도들의 입장을 잘 이해하지 못합니다. 교회라는 공동체에서 주로 성도들만 섬기다보면 세상과 분리된 삶을 살게 되어 성도들의 삶에 실제로 적용하기 어려운 추상적인 말씀만을 가르치기 쉽습니다. 이런 목회자가 섬기는 교회의 성도들은 대부분 교회생활을 신앙생활로 알고 실제 개인의 신앙과 자신의 현장에서의 삶이 분리되는 전통적인 종교인으로 살아가기 쉽습니다.

2. 복음을 전하는 자들을 영접하고 후원하기 위해서입니다

> 전대나 배낭이나 신발을 가지지 말며 길에서 아무에게도 문안하지 말며 어느 집에 들어가든지 먼저 말하되 이 집이 평안할지어다 하라 만일 평안을 받을 사람이 거기 있으면 너희의 평안이 그에게 머물 것이요 그렇지 않으면 너희에게로 돌아오리라 그 집에 유하며 주는 것을 먹고 마시라 일꾼이 그 삯을 받는 것이 마땅하니라 이 집에서 저 집으로 옮기지 말라 어느 동네에 들어가든지 너희를 영접하거든 너희 앞에 차려놓는 것을 먹고 거기 있는 병자들을 고치고 또 말하기를 하나님의 나라가 너희에게 가까이 왔다 하라
>
> 눅 10:4-9

주님은 천국 복음을 전하시고 병든 사람들을 고쳐주셨습니다. 어느 동네든지 그들을 영접하는 집에서 머물며 주는 음식을 드셨습니다. 칠십 인의 제자들을 둘씩 앞서 보내실 때에도 주님은 구체적으로 어떻게 의식주의 문제를 해결할 것인지 가르쳐 주셨습니다. 하나님은 복음으로 사는 사람들에게 그들을 영접하고 섬길 "평안을 받을 사람"을 예비해 놓으셨습니다. 보내심을 받은 제자들은 마을에 가서 주님이 주신 말씀을 전했으며, 주님이 주신 능력으로 병을 고쳤습니다. 그리고 그들의 의식주는 그들을

환영하는 사람들이 제공하도록 하셨습니다. 주님께서도 열 두 제자들과 함께 다니실 때 "자기들의 소유로 그들을 섬기던 여러 여자들"이 있었습니다(눅 8:1-3). 복음을 전하는 자들이 복음으로 말미암아 살 수 있도록 하려면 그리스도인들은 전임 오중사역자들을 후원할 수 있도록 잘 살아야 합니다.

> 내가 주 안에서 크게 기뻐함은 너희가 나를 생각하던 것이 이제 다시 싹이 남이니 너희가 또한 이를 위하여 생각은 하였으나 기회가 없었느니라 내가 궁핍하므로 말하는 것이 아니니라 어떠한 형편에든지 나는 자족하기를 배웠노니 나는 비천에 처할 줄도 알고 풍부에 처할 줄도 알아 모든 일 곧 배부름과 배고픔과 풍부와 궁핍에도 처할 줄 아는 일체의 비결을 배웠노라 내게 능력 주시는 자 안에서 내가 모든 것을 할 수 있느니라 그러나 너희가 내 괴로움에 함께 참여하였으니 잘하였도다 빌립보 사람들아 너희도 알거니와 복음의 시초에 내가 마게도냐를 떠날 때에 주고 받는 내 일에 참여한 교회가 너희 외에 아무도 없었느니라 데살로니가에 있을 때에도 너희가 한 번뿐 아니라 두 번이나 나의 쓸 것을 보내었도다 내가 선물을 구함이 아니요 오직 너희에게 유익하도록 풍성한 열매를 구함이라 내게는 모든 것이 있고 또 풍부한지라 에바브로디도 편에 너희가 준 것을 받으므로 내가 풍족

하니 이는 받으실 만한 향기로운 제물이요 하나님을 기쁘시게 한 것이라 나의 하나님이 그리스도 예수 안에서 영광 가운데 그 풍성한 대로 너희 모든 쓸 것을 채우시리라 하나님 곧 우리 아버지께 세세 무궁하도록 영광을 돌릴지어다 아멘 빌 4:10-20

사도 바울은 이방인의 사도로서 이방인들의 도시를 찾아가서 복음을 전했습니다. 가는 곳마다 어디에서나 유대인들은 그에게 적대적이었고 기회만 있으면 그를 박해하였습니다. 복음이 전파되지 않은 도시를 중심으로 한 그의 사역은 늘 전도와 교회 개척이었습니다. 고린도에서는 천막을 만드는 일을 하면서 복음을 전했습니다. 그러나 유럽에 세운 첫 교회인 빌립보 교회는 그가 떠난 후에도 바울이 선교 사역에만 전념할 수 있도록 지속적으로 후원하였습니다. 빌립보 교회의 재정적 후원이 얼마나 고맙고 힘이 되었는지 그는 특별히 감사의 편지를 썼습니다. 바울이 빌립보 교회에 보낸 편지에서 그는 처음부터 끝까지 복음에 참여한 교회가 빌립보 교회뿐이었으며 그가 받은 헌금은 하나님이 받으실 만한 향기로운 제물이라고 말했습니다. 마케도니아의 첫 열매인 루디아라는 여성 사업가는 아마도 교회를 통하여 바울의 선교를 재정적으로 후원하는 데 중요한 역할을 하였을 것입니다.

사도 요한도 주님께서 가르쳐 주신 대로 복음을 전하는 나그네 된 형제들을 영접하고 사랑으로 섬기며 그들을 후원하는 것을 칭찬하고 독려하는 편지를 했습니다. 이는 초대 교회의 좋은 전통이었으며 사도들은 이 일을 중요하게 여겨서 손수 편지를 써 보내고 교회들은 기쁜 마음으로 헌금을 보냄으로써 헌신하였습니다.

> 사랑하는 자여 네가 무엇이든지 형제 곧 나그네 된 자들에게 행하는 것은 신실한 일이니 그들이 교회 앞에서 너의 사랑을 증언하였느니라 네가 하나님께 합당하게 그들을 전송하면 좋으리로다 이는 그들이 주의 이름을 위하여 나가서 이방인에게 아무 것도 받지 아니함이라 그러므로 우리가 이같은 자들을 영접하는 것이 마땅하니 이는 우리로 진리를 위하여 함께 일하는 자가 되게 하려 함이라 요삼 1:5-8

3. 가난한 사람을 구제하고 나누어 줄 것이 있도록 하기 위해서입니다

> 도둑질하는 사람은 다시는 도둑질하지 말고, 수고를 하여 [제] 손으로 떳떳하게 벌이를 하십시오. 그리하여 오히려 궁핍한 사람들에게 나누어 줄 것이 있게 하십시오. 엡 4:28 새번역

> 하나님 아버지 앞에서 정결하고 더러움이 없는 경건은 곧 고아와 과부를 그 환난중에 돌보고 또 자기를 지켜 세속에 물들지 아니하는 그것이니라 약 1:27

성경 시대에 가장 자립하기 어려웠던 사람들은 고아와 과부였습니다. 성경은 이런 사람들을 불쌍히 여기고 돌봐주는 것이 곧 경건이라고 말합니다. 이런 선한 일을 잘 하려면 당연히 돈이 많아야 합니다. 부자가 천국에 들어가기 어려운 이유는 재물이 많아서가 아니라 유혹이 많고 그 유혹을 이기지 못하기 때문입니다. 그러나 사역자를 후원하고 가난한 사람들을 섬기기 위해 돈을 번다면 부자도 하나님께 귀하게 쓰임 받을 수 있습니다. 가난한 사람을 경제적으로 도와주는 것은 그들을 향한 사랑을 실제적으로 표현하는 방법입니다.

4. 선을 행하고 선한 사업을 많이 하기 위해서 입니다

> 오직 선을 행함과 서로 나누어 주기를 잊지 말라 하나님은 이같은 제사를 기뻐하시느니라 히 13:16

> 선을 행하고 선한 사업을 많이 하고 나누어 주기를 좋아하며 너그러운 자가 되게 하라 딤전 6:18

하나님께서는 너희에게 모든 은혜를 넘치게 할 수 있나니 모든 것을 언제나 너희가 필요한 대로 가질 수 있게 하심으로 모든 선한 일에 넘치게 하려는 것이라　　고후 9:8 한글킹제임스

여러분이 아는 바와 같이 이 손으로 나와 내 동행들이 쓰는 것을 충당하여 범사에 여러분에게 모본을 보여준 바와 같이 수고하여 약한 사람들을 돕고 또 주 예수께서 친히 말씀하신 바 주는 것이 받는 것보다 복이 있다 하심을 기억하여야 할지니라

행 20:34-35

　사도 바울은 자신이 가진 모든 것을 드려 성도들을 섬기며 살았습니다. 그는 그들에게 복음을 전해 주었을 뿐만 아니라, 자기 손으로 수고하고 일해서 약한 사람들을 돕고, 모든 면에서 본이 되는 삶을 살았습니다. 하나님의 말씀을 가르쳤을 뿐만 아니라 가르친 대로 살았기 때문에 그의 말과 편지에는 권위가 있었습니다. 이렇게 살면서 그가 쓴 편지는 성경이 되었으며 이방인의 도시와 마을에 세운 교회는 제자들을 만들어 새 교회를 개척하였습니다. 사도행전과 전도자 바울의 삶과 편지들은 새 시대에도 변함없이 전도하고 교회를 세우는 성도들의 매뉴얼입니다.

내 잔이 넘치나이다

수 년 전 저는 암으로 죽어가고 있던 38세의 젊고 아름다운 여성을 보며 값을 매길 수 없는 소중한 배움을 얻었습니다. 그녀의 이름은 데보라입니다. 전직 모델이었고, 한 남자의 아내이고 두 아들의 엄마였습니다. 데보라는 몇 년 전 유방암에 걸려서 한쪽 가슴을 제거하는 수술을 받았습니다. 그런데 암의 일부가 제거가 잘 안되었는지 아니면 다시 재발한 것인지 모르지만 그 골칫덩이 암은 이번에는 가슴과 목 등에 퍼져있었습니다.

저는 그때 데보라가 다시 수술을 받을 수 있을지에 대해 결정해 달라는 호출을 받았습니다. 다른 외과 의사들은 애석하게도 거의 가능성이 없다고 했습니다. 최선을 다한다 해도 그것은 거의 가능성이 없다고 하였습니다.

저는 밤늦게 병원에 도착해서 간호사의 차트를 쭉 살펴보며 간호스테이션에 앉아있었습니다. 그런데 그때까지 의학적인 설명만 있는 이 얼굴도 모르는 환자에 대한 슬픔이 파도처럼 밀려왔습니다. 38세의 젊은 여성, 두 아이의 엄마, 이미 3번의 수술, 임상연구들, 외과수술 보고들…… 끊임없이 계속되는 부인할 수 없는 팩트들로 채워진 이 두꺼운 페이지들은 말할 것도 없이 그녀가 죽을 것이라고 말하고 있었습니다.

저는 곧 죽을 이 환자를 떠도는 죽음의 그림자를 대면하여야 하기에 전혀 서두르지 않고 천천히 복도를 따라 걸었습니다. 저는 바로 한 주 전에 3, 4, 5번째 사망보고서에 사인을 했었습니다. 이 끔찍한 보고서에 그녀의 이름이 올라갈 것은 의심의 여지가 없었습니다. 어둠에 싸인 창백한 얼굴을 바라보면서 잠자고 있는 그녀 옆에 서 있었습니다. 저는 그녀를 보았습니다. 수술 후 남은 그 흉터들 즉, 첫 번째 수술 때 메스를 댄 정확한 지점, 두 번째, 세 번째 그리고 곧 있을 네 번째를 마음의 눈으로 보았습니다.

그 방이 그토록 차갑게 느껴진 것이 실제로 그랬던 것인지 아니면 그렇게 느꼈던 것인지 모르겠습니다.

갑자기 그녀가 눈을 떴고 정신을 차렸습니다. 이 아름다운 여성은 자신의 연약함과 질병에 굴하지 않으려 애쓰며 따뜻한 미소를 지었습니다. 그리고는 말했습니다.

"피곤해 보이세요······" 그녀가 제게 한 말입니다.

"제가 피곤해 보인다고요?" 생각할 겨를도 없이 바로 이렇게 뱉어 버렸습니다.

"네, 그래 보이시네요, 하루 종일 일하셨나 보군요."

"네, 오늘 오전 7시부터요, 저는 닥터 폭스입니다. 환자분 담당의께서 제게 검사를 부탁했습니다."

"네, 안녕하세요? 담당 의사 선생님께서 선생님에 대해 말해 주셨습니다. 선생님께서는 어려운 수술의 대가시라고요."

"아, 네……" 저는 뭐라 말할지 몰랐습니다.

"선생님께서는 분명 힘드실 거예요." 그녀가 진심 어리게 동정하듯 말했습니다.

"매일 죽음에 맞서 싸운다는 것이요. 정신적인 중압감이 어마어마하실 거예요. 어떻게 그렇게 하시는 거죠?"

어떻게 하냐고? 어떻게 "내가" 이렇게 하고 있냐고? (아픈 사람은 자신임에도 의사인 내가 죽음을 다룬다고 나를 동정하다니.) 저는 몹시 의아했습니다. 저는 이 대화가 불편했습니다. 그래서 저는 "전문가"로 돌아와 검사를 시작했습니다. 그녀의 차트가 보여주는 위험요소들에 반해 수술을 받을 정도가 되는지 결정하기 위해서 머리끝부터 발끝까지 저는 세심하게 그녀를 분석했습니다. 저는 그녀가 수술을 받기에는 너무 힘들다고 판단했습니다. 불편한 마음이 더해질수록 저는 더욱 전문가로서의 객관성을 유지하려고 하였습니다. 그녀는 물었습니다.

"닥터 폭스, 진단이 어떻게 나왔나요?"

"아, 네……" 저는 얼버무렸습니다.

"당신의 담당의에게 말씀드리죠."

"좋아요. 그렇지만 선생님의 진단은 뭔지 알고 싶어요."

"아, 네, 담당의께서 환자분과 말씀 나누실 겁니다."

"저는 선생님께 듣고 싶어요." 그녀는 부드럽지만 확고하게 말했습니다.

수술을 하기 어렵다는 말을 그녀의 눈을 바라보며 말하기가 몹시 힘들었습니다. 나는 그때 그 방에서 다시 냉기를 느꼈습니다. 마치 불빛도 더 희미해지는 듯했습니다. 그러나 데보라는 느끼지 못하는 듯했습니다.

"선생님이 보시기에 제가 살아나기 어렵다고 판단하시는 거지요?"

"의학적 전문 소견으로는 환자분의 상태가 수술을 견디기에는 무리입니다. 견딘다 하더라도 수술 후 좋은 결과가 있을지…"

저는 그녀에게 희망이 없다는 말을 끝까지 할 수 없었습니다.

"닥터 폭스, 선생님의 의견을 바꿔주시면 좋겠어요. 외람되지만 선생님께서는 제가 수술을 견디지 못할 거라고 말할 정도로 저를 잘 알지 못하세요."

그녀의 눈빛은 완전 넋을 빼 놓을 정도였습니다. 저는 그 순간 거의 번개 같은 결정적인 순간을 느낄 수 있었습니다. 그녀의 완벽한 자신감과 평안을 느낄 수 있었습니다.

"제가 어릴 때 아버지께서 이 컵을 주셨어요." 그녀는 자신의 침대 옆 테이블에 있는 아름다운 은잔을 가리키며 말했습니다.

"새긴 글을 읽어 보시겠어요?"

암에 걸려 투병하던 한 젊은 어머니의 이야기

저는 허리를 굽혀 읽었습니다.

"내 잔이 넘치나이다. 성경구절이군요."

"네, 맞아요. 그 말이 어디서 왔는지 보다 그 메시지가 더 중요해요. 아버지께서 제게 인생의 컵은 반이 비어있거나 반이 차있을 수 없고 항상 가능성으로 넘친다고 말씀하셨어요. 아버지는 어떤 끔찍한 일들이 일어나는지는 문제되지 않는다고 하셨어요. 만일 제가 확신이 있고, 제 자신을 믿는다면 제 잔은 절대 마르지 않아요. 제 컵은 항상 생명, 영감, 강함, 사랑, 제가 필요한 모든 것들의 근원이에요."

그러면서 그녀는 나이트 테이블에 있던 물병의 물을 그 컵에 부었습니다. 컵이 담을 수 있는 이상으로 넘치게 물을 부었습니다.

그 물이 넘쳐흐르고 탁자 위로 흥건히 흘렀습니다. 그녀의 목소리는 매우 가냘펐지만 제가 이제껏 들어본 어떤 목소리보다 더 강했습니다.

"제 잔은 확신으로 가득 차 넘치고 있어요. 폭스 선생님, 이 잔은 절대 마르지 않아요. 저는 수술을 받을 거예요. 무조건 견뎌내서 제 두 아들이 성인이 되는 걸 지켜보며 살 거예요. 의사 선생님들은 제 몸을 돌보시고 그 나머지는 하나님과 제가 담당할 거예요."

결국 데보라는 수술을 받고 잘 견뎌냈고 그녀는 자신의 두 아들이 성인이 되는 걸 보며 살았습니다.

그녀의 생존이 통계적으로 기이한 일이었을까요? 자연치유가 된 걸까요? 그 외과수술 담당의의 기가 막힌 의술 덕분일까요? 그것은 아마, 제가 수없이 환자들을 보면서 자신들의 컵이 마르고 있다고 믿지 않고 흘러넘친다고 확신하는 사람들에게 훨씬 좋은 결과가 있어 왔다는 것을 충분히 알게 된 것으로 이해할 수 있습니다.

"당신의 인생의 컵은 끝없이 샘솟는 영spirit의 샘물(근원)이며, 그 영spirit은 삶의 재료입니다."3)

The LORD is my shepherd; I shall not want.
He makes me lie down in green pastures.
He leads me beside still waters.
He restores my soul. He leads me
in paths of righteousness for his name's sake.
Even though I walk through
the valley of the shadow of death,
I will fear no evil, for you are with me;
your rod and your staff, they comfort me.
You prepare a table before me
in the presence of my enemies;
you anoint my head with oil; my cup overflows.
Surely goodness and mercy shall follow me
all the days of my life, and
I shall dwell in the house of the LORD forever.
Psalms 23

---

3) Arnold Fox, MD & Barry Fox, PhD, "Making Miracles" (1989, Napoleon Hill Foundation), p. 63–65.

암에 걸려 투병하던 한 젊은 어머니의 이야기

이 이야기는 암에 걸려 투병하는 두 아이의 어머니인 데보라라는 사람에 대해 한 의사가 쓴 글입니다. 그는 이 이야기를 통해 자신의 과학적인 지식과 임상경험을 초월하여, 의학적으로 생존 가능성이 거의 없는 환자가 어떻게 자신의 믿음으로 병을 이겼는지를 말하고 있습니다. 물론 이 의사는 그녀가 그리스도인으로서 자기 잔이 넘치도록 채워주시는 하나님을 믿었는지는 관심을 가지지 않은 것 같습니다. 그가 여기서 영이라고 말한 것도 그리스도인들이 믿는 성경에서 말하는 개념이 아닐 수도 있습니다. 그러나 여기서 주목할 것은 다윗이 시편에서 고백한 대로 "내 잔이 넘치도록 부어주시는 하나님"에 대한 그녀의 믿음의 능력입니다. 이런 간증은 말할 것도 없고 최신의 뇌 과학과 의학도 이 성경의 진리를 증거하고 있습니다. 성경은 우리의 속사람인 영이heart 얼마나 우리의 몸의 건강에 직접 영향을 끼치는지를 강조하고 있습니다.

> 마음의 즐거움은 얼굴을 빛나게 하여도 마음의 근심은 심령을 상하게 하느니라　　　　　　　　　　　　　　잠 15:13
> A merry heart maketh a cheerful countenance: but by sorrow of the heart the spirit is broken [KJV]

마음의 즐거움은 양약이라도 심령의 근심은 뼈를 마르게 하느니라   잠 17:22

A joyful heart is good medicine, but a crushed spirit dries up the bones [ESV]

평온한 마음은 육신의 생명이나 시기는 뼈를 썩게 하느니라

                                        잠 14:30

A tranquil heart gives life to the flesh, but envy makes the bones rot [ESV]

사람의 심령은 그의 병을 능히 이기려니와 심령이 상하면 그것을 누가 일으키겠느냐   잠 18:14

A man's spirit will endure sickness, but a crushed spirit who can bear? [ESV]

그런즉 너희는 먼저
그의 나라와 그의 의를 구하라
그리하면
이 모든 것을 너희에게 더하시리라

마태복음 6:33

2

나는 하나님 나라의 사업가입니다

Chapter 2

나는 하나님 나라의 사업가입니다

Grand kenyon

Napa valley

: Hoover Dam

후버댐은 미국 네바다주와 애리조나주 경계에 있는 콜로라도 강 중류의 그랜드 캐니언의 하류에 위치한 블랙 캐니언에 있는 높이 221m, 길이 411m의 중력식 아치 댐이다. 이 댐이 완성되자 길이 185km의 인공호수 미드 호가 생기게 됐다.

하나님이 주시는 모든 지혜와 아이디어는 바로 강물을 막는 댐을 건설하는 것과 같은 것입니다. 하나님의 지혜는 측량할 수 없으며 주시는 아이디어는 끝이 없는 영감의 근원이지만, 이것을 '재물 얻을 능력'으로 발전시키는 사람만이 자기 재물을 얻을 수 있습니다.

오래 전에 처음으로 로스앤젤레스에서 출발하여 모하비 사막, 라스베이거스, 그랜드 캐니언, 후버댐, 나파 밸리 포도원을 지나 남부 캘리포니아 일대를 관광버스로 여행한 적이 있었습니다. 라스베이거스에서 힘차게 흐르는 콜로라도 강물에 발을 담그고 본 뜨거운 사막 너머로 지는 석양은 너무나 아름다웠습니다. 그랜드 캐니언은 지구의 나이만큼이나 오랜 세월 강물이 파놓은 거대한 협곡으로, 사진이나 말로 표현할 수 없는 웅장한 모습을 드러내고 있었습니다. 이런 아름다운 경관을 구경하며 지나가다가 다다른 후버댐은 비교적 단기간에 콘크리트로 강물을 막아놓은 놀라운 건축물이었습니다.

하늘에서 내려 강물을 이룬 물은 수많은 세월 동안 그랜드 캐니언 골짜기를 만들어서 북미 인디언들에게 좋은 구경거리가 되었을 것입니다. 그러나 미국인들이 댐을 건축하기 전에는 커다란 캘리포니아 주의 식수와 전력을 공급하지도 못했고, 사막을 포도원으로 바꾸어 놓지도 못했습니다. 하나님이 주시는 모든 지혜와 아이디어는 바로 콜로라도 강물을 막는 댐을 건설하는 것과 같은 것입니다. 하나님의 지혜는 측량할 수 없으며 주시는 아이디어는 끝이 없는 영감의 근원이지만 이것을 "재물 얻을 능력"으로 발전시키는 사람만이 자기 재물을 얻을 수 있습니다. 수천 년을 흘러서 바다로 그냥 들어갔던 강물은 댐을 건설함으로 말미암아 비로소 엄청난 가치를 가지게 되었습니다.

　악인과 의인에게 햇빛과 비를 똑같이 내려주듯이 하나님은 모든 사람에게 수 많은 기회를 주고 계십니다. 단지 그 지혜와 아이디어로 가치 있는 상품이나 서비스를 만들어 내는 사람들만 많은 돈을 벌고 있을 뿐입니다. 하나님께서 자기 자녀들을 번영하게 하려고 해도 하나님으로부터 지혜를 구하고 기회를 보는 눈과 잡을 수 있는 능력을 갖추지 않으면 어떻게 할 수 없습니다. 심지어 하나님을 모르는 사람도 사람들에게 필요를 채움으로써 부자가 되는 것은 누구나 알고 있습니다. 그리스도인이 부자가 되지 못하는 이유는 돈이 많은 것을 죄악시 하거나, 부자는 불의하게 돈을 버는 것으로 치부하여, 부자가 되는 것을 부끄럽게 여기는 생각 때문일 수도 있습니다. 하나님이 축복하셔도 그리스도인들이 돈에 관심을 갖는 것을 죄악시 하거나, 능력이 부족하고 열정과 끈기가 없거나, 게으르고 부지런하지 않으면 가난할 수밖에 없을 것입니다. 한마디로 "빈곤 사고방식" 때문입니다.

　성경은 수많은 지혜와 통찰력과 아이디어의 보고이며, 성령님은 보는 눈이 있고, 들을 귀가 있는 자에게 늘 보여주고 들을 수 있도록 말씀하고 계십니다. 주님께서 제자들에게 "눈을 들어 밭을 보라 희어져 추수하게 되었다"고 말씀하셨던 것과 똑같이 주님은 세상의 다른 직업과 사업을 통해서 오중사역자를 후원할 사람들에게 이렇게 말씀하실 것입니다. "눈을 들어 기회를 보라, 돈 벌 수 있는 환경이 완전히 준비되어 있다." 왜냐하면 이 땅에서 복음을 전하고 하나님이 기뻐하시는 모든 선한 일을 하는 데는 사랑으로 섬기는 마음만 필요한 것이 아니라 구체적인 수단인 돈도 필요하기 때문입니다.

아프리카 사람으로서 지난 십여 년간 18개국에 이동통신 서비스를 제공하여 부자가 된 한 그리스도인 사업가가 이렇게 말했습니다.[4] "나는 뇌물을 요구하고 불법을 자행하는 독재자들이 지배하는 나라와 어려운 환경에서도 사업을 하여 기업을 일구었습니다. 그러나 지금 우리는 인터넷을 통해 어떤 장애물도 없이 사업을 할 수 있는 세상에 살고 있습니다. 누구나 인터넷을 통해 온 세계를 상대로 사업하여 돈을 벌 수 있는 세상이 되었습니다." 그러면서 그는 인터넷 시대에 사는 젊은이들에게 영어와 코딩 공부의 중요성을 강조했습니다.

---

4) https://www.facebook.com/search/top/?q=strive%20masiyiwa&epa=SEARCH_BOX

2장
나는 하나님 나라의 사업가입니다

하나님이 창조하시고 경작하고 다스리라고 하신 땅에서 아벨은 양을 치며 얻은 첫 새끼를 하나님께 제사를 드림으로써 하나님을 공경하였습니다. 하나님께서 주신 복으로 인하여 감사하고, 앞으로도 하나님과 함께 하겠다고 하는 마음을 그는 제사로 표현하였습니다. "하나님이 내 편이시니 나도 이제부터는 하나님 편입니다." "하나님이 나를 축복하셨으니 나도 하나님과 함께 일하는 사람입니다." 이런 고백이 하나님께 제물을 드리는 사람의 마음입니다. 하나님도 이런 감사와 믿음의 표현을 기쁘게 받으셨습니다. 이런 제사의 가장 원형적인 것이 첫 열매를 드리는 것과 모든 열매의 십분의 일을 드리는 십일조입니다. 그러므로 이것은 모세를 통해 율법을 주시기 전에 아벨과 노아와 아브라함 등 모든 믿음의 사람들이 하나님께 나아가는 방법이었습니다. 개인적으로 하나님께 제물을 드림으로써 소유와 재물에 대해서 하나님과 관계를 맺는 것이 첫 열매와 십일조입니다.

하나님이 받으신 첫 제사의 제물 양의 첫 새끼

세월이 지난 후에 가인은 땅의 소산으로 제물을 삼아 여호와께 드렸고 아벨은 자기도 양의 첫 새끼와 그 기름으로 드렸더니 여호와께서 아벨과 그의 제물은 받으셨으나 가인과 그의 제물은 받지 아니하신지라 가인이 몹시 분하여 안색이 변하니

창 4:3-5

아벨의 제사는 하나님께서 죄인의 제사를 받으신 첫 사건입니다. 아벨은 양의 첫 새끼와 기름을 제물로 드렸습니다. 제사와 제물에 대한 하나님의 말씀이나 부모의 가르침에 대한 언급이 없으니 두 사람 모두 자신의 생각대로 제물을 드렸을 것입니다.

믿음으로 아벨은 가인보다 더 나은 제사를 하나님께 드림으로 의로운 자라 하시는 증거를 얻었으니 하나님이 그 예물에 대하여 증언하심이라 그가 죽었으나 그 믿음으로써 지금도 말하느니라

히 11:4

하나님은 아벨의 제물을 받음으로써 아벨을 "의로운 자"라고 그 예물로써 증거 하셨습니다. 그러나 가인의 제물은 받아들여

지지 않았습니다. 하나님은 아벨이 드린 제사를 "가인보다 더 나은 제사"를 드렸다고 하셨는데 이런 판단의 기준은 하나님이 세우셨습니다.

요한일서에는 가인의 행위를 이렇게 설명했습니다.

> 가인 같이 하지 말라 저는 악한 자에게 속하여 그 아우를 죽였으니 어쩐 이유로 죽였느냐 자기의 행위는 악하고 그의 아우의 행위는 의로움이라   요일 3:12

가인은 겸손하게 아벨에게 물어보거나, 아벨의 제사를 보고 배워서 다시 하나님께 제물을 드려서 자신도 의로운 자라는 증거를 얻을 수 있었을 것입니다. 그러나 가인은 먼저 화가 나서 안색이 변함으로 육신적으로 반응하였을 뿐만 아니라 결국은 "악한 자에게 속하여" 그의 아우를 죽였습니다. 우리는 성경을 통하여 아벨의 제사는 오실 그리스도에 대한 모형임을 알고 있습니다. 그것은 생명이 피에 있으므로 피흘림이 없으면 죄 사함이 없다는 하나님의 말씀을 통해서입니다.

> 육체의 생명은 피에 있음이라   레 17:11

> 율법을 따라 거의 모든 물건이 피로써 정결하게 되나니 피흘림이 없은즉 사함이 없느니라   히 9:22

아벨이 첫 열매로 드린 제사와 아브라함이 이삭을 드린 제사는 예수님께서 오셔서 자기 피를 속전으로 드려서 인류를 속량하시는 하나님의 구원 사역의 모형입니다. 주님은 앞에 놓여 있는 기쁨을 내다보고서 그 부끄러움을 참으셨습니다. 그것은 바로 인류의 구원 즉 하나님의 자녀들의 탄생이었습니다. 마침내 주님이 재림하신 후 모든 성도들이 부활하여 하나님의 보좌 앞에서 예배를 드리는 것이었습니다(계 5:9-12).

> 믿음의 창시자요 완성자이신 예수를 바라봅시다. 그는 자기 앞에 놓여 있는 기쁨을 내다보고서, 부끄러움을 마음에 두지 않으시고, 십자가를 참으셨습니다. 그리하여 그는 하나님의 보좌 오른쪽에 앉으셨습니다.   히 12:2 새번역

첫 열매를 드리는 의미

> 너의 재산과 땅에서 얻은 모든 첫 열매로 주님을 공경하여라.

그러면 너의 창고가 가득 차고, 너의 포도주 통에 햇포도주가 넘칠 것이다. 잠 3:9-10 새번역

자신의 재산과 땅에서 얻은 모든 것의 첫 열매로 하나님을 공경하는 것은 구체적으로 제사장에게 주는 것을 의미했습니다. 제사장들은 그것으로 양식을 하고 제물을 가져온 사람의 집에 복이 내리도록 축복을 해 주었습니다. 처음 익은 열매를 제사장에게 드려야 제사장이 축복할 수 있었고, 주님은 그의 축복대로 그의 가정에 복을 주실 것이라고 말씀하셨습니다.

또 각종 처음 익은 열매와 너희 모든 예물 중에 각종 거제 제물을 다 제사장에게 돌리고 너희가 또 첫 밀가루를 제사장에게 주어 그들에게 네 집에 복이 내리도록 하게 하라 겔 44:30
You shall also give to the priests the first of your dough, that a blessing may rest on your house [ESV]

부모님을 공경하면 땅에서 잘 되고 장수하는 복을 약속하였습니다. 이 계명은 축복의 약속이 있는 유일한 십계명입니다. 야곱이 가져다 준 음식을 먹고 이삭이 야곱을 마음껏 축복한 것은 이 말씀을 가장 실제적으로 보여 준 사건입니다. 죽 한 그릇에 장자의

명분을 판 에서는 하나님의 말씀을 믿지 않음으로써 하나님을 멸시하였던 대표적인 망령된 사람입니다. 반면에 배고픈 것을 참고 한 그릇 죽보다 아버지의 축복 기도를 사모했던 어린 야곱은 하나님을 존중하는 사람으로 믿음의 가문을 이었습니다.

> 네 부모를 공경하라 그리하면 네 하나님 여호와가 네게 준 땅에서 네 생명이 길리라   출 20:12

하나님을 인정하고 하나님께 가까이 가려는 죄인의 첫 번째 시도는 양의 첫 새끼를 제물로 드렸던 아벨의 믿음이었습니다. 하나님은 그의 제물을 받으셨습니다. 믿음의 조상이 된 아브라함은 하나님의 말씀에 순종하여 그의 몸의 첫 열매인 외아들까지도 아끼지 않아서 하나님을 경외하는 자라고 하나님께 인정을 받았습니다. 이렇게 첫 열매로 하나님을 공경한 예는 모두 구주 예수 그리스도께서 죄인들의 속전이 되신 십자가에서 죽으시고 부활의 첫 열매가 되셨던 사건으로 절정을 이루었습니다. 첫 열매를 제물로 드리는 것은 하나님을 경외하는 사람들의 아름다운 믿음의 제사입니다. 하나님의 무한한 사랑을 처음 깨닫고 하나님이 나에게 복을 주셨다는 것을 인정하고 하나님께 감사하는 마음과 믿음을 표현한 것이 첫 열매입니다.

> 제사하는 처음 익은 곡식 가루가 거룩한즉 떡덩이도 그러하고
> 뿌리가 거룩한즉 가지도 그러하니라 롬 11:16

십일조의 의미

> 내가 이스라엘의 십일조를 레위 자손에게 기업으로 다 주어서
> 그들이 하는 일 곧 회막에서 하는 일을 갚나니 민 18:21

구약시대 때 제사장 레위 족속들은 밭을 갖고 있지 않았습니다. 레위인들은 회막의 일만 하도록 하였으며 이스라엘의 십일조는 그들의 기업으로 주었습니다. 제사장은 "성소의 직무와 제단의 직무"를 다 하였고, 레위인들은 회막의 일을 하였습니다. 마찬가지로 신약시대에는 복음을 전하는 사람들이 말씀 사역과 기도에 전념할 수 있도록 성도들이 드린 십일조로 교회의 사역자를 후원하는 것입니다.

모든 성도들이 십일조를 드리면 하나님의 집에 양식이 넉넉합니다. 오늘날은 교회가 하나님의 집입니다. 복음을 전하는 일에는 재정적인 다양한 필요가 있습니다. 성도들이 온전한 십일조만 철저히 드려도 오늘날의 교회를 섬기는 사역자들은 세상의

직업을 가지지 않고 사역에 전념할 수 있을 것입니다. 십일조를 드리는 행위로 성도들은 하나님께서 하늘 문을 열고 복을 쌓을 곳이 없도록 자신들의 사업에 복을 부어 주시는지 시험해 볼 수 있습니다. 성경에서 하나님을 시험해 보라고 말한 부분은 여기뿐입니다.

> 만군의 여호와가 이르노라 너희의 온전한 십일조를 창고에 들여 나의 집에 양식이 있게 하고 그것으로 나를 시험하여 내가 하늘 문을 열고 너희에게 복을 쌓을 곳이 없도록 붓지 아니하나 보라
> 말 3:10

십일조를 드림으로 시작하는 번영에 대한 믿음

1. 하나님이 나의 모든 필요를 채우시는 분이며 생명과 소유와 삶의 주인임을 고백하는 것입니다

아브라함은 전쟁에서 승리하고 돌아올 때 멜기세덱에게 전리품의 십분의 일을 주었다고 말씀합니다(창 14:17-24). '낮은 자가 높은 자에게서 축복을 받는다'는 원리를 따라 아브라함은 살렘 왕이요 "지극히 높으신 하나님의 제사장"인 멜기세덱의

축복을 받았습니다(히 7:1-10). 야곱은 아버지의 축복을 받았지만 형의 분노를 피해 부모를 떠나야만 했습니다. 그는 도망 중에 들에서 하룻밤을 보내며 잠이 들었습니다. 하나님은 그 밤에 꿈에 야곱에게 나타나 이렇게 그를 축복하셨습니다.

> 내가 너와 함께 있어 네가 어디로 가든지 너를 지키며 너를 이끌어 이 땅으로 돌아오게 할지라 내가 네게 허락한 것을 다 이루기까지 너를 떠나지 아니하리라 하신지라 창 28:15

꿈에서 깨어난 야곱은 꿈에 보고 들은 하나님의 축복의 말씀에 대하여 즉시 믿음으로 반응하여 이렇게 서원함으로써 축복의 말씀을 취하였습니다.

> 야곱이 서원하여 이르되 하나님이 나와 함께 계셔서 내가 가는 이 길에서 나를 지키시고 먹을 떡과 입을 옷을 주시어 내가 평안히 아버지 집으로 돌아가게 하시오면 여호와께서 나의 하나님이 되실 것이요 내가 기둥으로 세운 이 돌이 하나님의 집이 될 것이요 하나님께서 내게 주신 모든 것에서 십분의 일을 내가 반드시 하나님께 드리겠나이다 하였더라 창 28:20-22

그는 아무것도 이루어진 것은 없지만, 하나님의 축복을 받은 것을 확신하고 믿음으로 세 가지를 고백하였습니다. 제일 먼저 "나의 하나님"이란 가장 근본적인 신앙 고백에 이어서, "하나님의 집"에 대한 헌신, 그리고 "십일조"로 자신이 소유한 모든 것의 주인이 하나님이심을 인정하였습니다. 이 기도를 한 후에 그의 삶은 이전과 달라졌습니다. 외삼촌 라반 밑에서 이십 년 동안 성실하게 일하면서 그의 재산은 크게 증가하였습니다. 그는 자신의 이름으로 불리게 된 이스라엘 민족을 이루게 될 열두 아들을 낳음으로써 그의 서원은 다 이루어졌습니다. 하나님은 "야곱의 하나님"이라 불리셨으며, 그의 아들 유다지파를 통해 오신 예수 그리스도는 속량 사역을 통해 마침내 "하나님의 집"인 그리스도의 몸인 교회를 탄생시켰습니다.

2. 나의 번영을 방해하는 "삼키는 자"를 대적할 담대한 믿음을 더해 줍니다

> 또 내가 너를 위하여 그 먹어 치우는 자를 꾸짖으리니 그가 너희 땅의 열매를 멸하지 아니할 것이며, 너희의 포도나무는 때가 되기 전에 그 열매를 밭에 떨어뜨리지 아니하리라. 만군의 주가 말하노라.
>
> 말 3:11 한글킹제임스

개역성경에서 "메뚜기"라고 번역한 것은 "먹어 치우는 자the devourer"로 번역할 수 있습니다. 이는 "도둑질 하고 죽이고 멸망시키는 자"인 마귀를 가리킵니다. 주님께서 마귀를 꾸짖어 쫓아버림으로 나의 땅의 열매를 보호해 주시겠다는 약속입니다. 온전한 십일조를 드리지 않는 것은 하나님의 재물을 도둑질하는 것입니다. 하나님의 말씀에 도둑질이라고 하면 마귀가 십일조를 안 한 것으로 정죄를 해도 물리칠 말씀이 없게 됩니다.

3. 하나님 나라의 비전에 참여하게 됩니다

마귀는 하와를 유혹한 이래로, 여전히 세상의 유혹과 육신의 정욕을 통해 사람을 타락하게 하는 전략을 사용해 왔습니다. 광야에서 예수님을 시험할 때나 지금의 우리에게도 재물과 육신의 정욕은 항상 마귀의 유혹의 도구입니다.

> 또 어떤 이는 가시떨기에 뿌려진 자니 이들은 말씀을 듣기는 하되 세상의 염려와 재물의 유혹과 기타 욕심이 들어와 말씀을 막아 결실하지 못하게 되는 자요   막 4:18-19

> 부하려 하는 자들은 시험과 올무와 여러 가지 어리석고 해로운 욕심에 떨어지나니 곧 사람으로 파멸과 멸망에 빠지게 하는

> 것이라 돈을 사랑함이 일만 악의 뿌리가 되나니 이것을 탐내는 자들은 미혹을 받아 믿음에서 떠나 많은 근심으로써 자기를 찔렀도다
> 딤전 6:9-10

이기적이고 지나친 욕망을 자극하고 만족시킬 수 있는 수단인 돈은 사람들을 유혹하는 사탄의 도구이기도 합니다. 탐심을 통해 유혹하는 마귀를 대적하는 탁월한 방법이 주님께 수입의 십분의 일을 드리는 것입니다. 재물이 늘어나도 거기에 마음을 두지 않고 하나님을 의지하고, 교만해지지 않고 하나님께 감사하는 믿음의 행위가 십일조입니다. 하나님 나라의 비전을 산 사람은 수입이 늘어날 때 십일조뿐만 아니라 선한 사업에 대한 헌금도 늘리므로 여러 가지 욕심과 탐심이 틈을 타지 못하게 할 수 있습니다.

> 억압하는 힘을 의지하지 말고, **빼앗아서** 무엇을 얻으려는 헛된 희망을 믿지 말며, 재물이 늘어나더라도 거기에 마음을 두지 말아라
> 시 62:10 새번역

> 집 하인이 두 주인을 섬길 수 없나니 혹 이를 미워하고 저를 사랑하거나 혹 이를 중히 여기고 저를 경히 여길 것임이니라 너희는 하나님과 재물을 겸하여 섬길 수 없느니라
> 눅 16:13

묵시가 없으면 백성이 방자히 행하거니와 율법을 지키는 자는 복이 있느니라 잠 29:18

지도하고 훈계하는 이들을 극진히 존경하라

오중 사역자들은 주님께서 교회에 주신 선물입니다. 그들은 주님을 대신하여 목양을 하며 섬기는 지도자들입니다. 바울은 "주 안에서 여러분을 지도하고 훈계하는 이들을 알아보십시오"라는 말로 영적 권위자들을 존경하고 그에 합당한 대접을 하라고 가르쳤습니다.

형제자매 여러분, 우리는 여러분에게 부탁합니다. 여러분 가운데서 수고하며, 주님 안에서 여러분을 지도하고 훈계하는 이들을 알아보십시오. 그들이 하는 일을 생각해서 사랑으로 그들을 극진히 존경하십시오. 여러분은 서로 화목하게 지내십시오

살전 5:12-13 새번역

Now we ask you, brothers, to respect those who work hard among you, who are over you in the Lord and who admonish you. Hold them in the highest regard in love because of their work. Live in peace with each other [NIV]

> 너희는 너희 하나님 여호와를 신뢰하라 그리하면 견고히 서리라
> 그의 선지자들을 신뢰하라 그리하면 형통하리라   대하 20:20

구약의 선지자는 하나님의 말씀을 대언하는 사람입니다. 이 말씀의 후반부를 뒤집어 보면, 하나님의 사람들이 하나님의 말씀을 전하는 사람을 신뢰하지 못하고 그와의 관계가 좋지 못하면 형통할 수 없다는 말이 됩니다.

> 너희를 영접하는 자는 나를 영접하는 것이요 나를 영접하는 자는 나를 보내신 이를 영접하는 것이니라 선지자의 이름으로 선지자를 영접하는 자는 선지자의 상을 받을 것이요 의인의 이름으로 의인을 영접하는 자는 의인의 상을 받을 것이요 또 누구든지 제자의 이름으로 이 작은 자 중 하나에게 냉수 한 그릇이라도 주는 자는 내가 진실로 너희에게 이르노니 그 사람이 결단코 상을 잃지 아니하리라 하시니라   마 10:40-42

훌륭한 선지자이기 때문이 아니라 단지 그의 직분이 선지자이기 때문에 영접하라고 말씀하셨습니다. 그가 선지자이든지, 제자이든지, 주님의 이름으로 영접하고 그들의 필요를 채워주고 대접한다면 하나님께서 반드시 보상해 주신다는 약속입니다.

바울은 빌립보에 있는 동안 자신을 잘 섬겨 주었던 빌립보 교인들에게 다른 사역자들에게도 같은 사랑과 존경으로 그들을 영접하고 존귀히 여기라고 당부했습니다.

> 이러므로 너희가 주 안에서 모든 기쁨으로 그를 영접하고 또 이와 같은 자들을 존귀히 여기라 빌 2:29
> Give him a grand welcome, a joyful embrace! People like him deserve the best you can give [MSG]

한국 교회는 초창기부터 목회 사역은 돈을 벌기 위한 일이 아니라 하나님의 은혜로 하는 하나님의 일이므로 목회자가 봉급을 받는 것을 떳떳하게 여기지 않는 전통이 있었습니다. 그래서 "봉급"이란 말 대신에 "사례비"라는 말로 적은 봉급을 주고 목회자 가족이 경제적으로 어려움을 당하고 희생하는 것이 영적이라고 여겼습니다. 성경 말씀이 아니라 조선 시대 유교사상의 영향을 받아 "청빈"을 귀하게 여기는 한국 사람들의 정서도 한 몫을 하였을 것입니다. 부패한 관리에게 피해가 컸던 조선의 역사와 한국 사회의 부정부패를 생각하며 목회자가 재정적으로 깨끗한 삶을 살기를 바라는 것은 당연한 것입니다. 그러나 영적일수록 가난해야 하며, 풍요롭게 살면 타락한 것으로 여기는 것은 경건으로 위장된 "빈곤의 사고방식"에서 나온 것입니다. 세상의 직장에서 일하거나 교회를 섬기는 목회자로 일하거나 우리는 모두 주님을 섬기는 것입니다. 목회자에게 교회는 그의 직장이며 가족을 부양할 수입원입니다. 그러므로 목회자도 세상의 직장과 같이 봉급을 받는 것이 당연합니다. 성경도 목회자의 봉급을 "일꾼의 삯"이라고 분명히 말하고 있습니다.

> 잘 다스리는 장로들은 배나 존경할 자로 알되 말씀과 가르침에 수고하는 이들에게는 더욱 그리할 것이니라 성경에 일렀으되 곡식을 밟아 떠는 소의 입에 망을 씌우지 말라 하였고 또 일꾼이 그 삯을 받는 것은 마땅하다 하였느니라   딤전 5:17-18
> The elders who do good work as leaders should be considered worthy of receiving double pay, especially those who work hard at preaching and teaching [GNT]
> Elders who do their work well should be respected and paid well especially those whose work is preaching and teaching [NLT]

목사가 말씀을 전하고 가르치는 일은 일꾼이 일을 하는 것과 같기 때문에 그에 대한 삯을 받아야 마땅합니다. 교회는 다스리는 위치에 있는 목사들을 매우 존경해야 합니다. 존경의 표시로 그들의 일에 대하여 봉급을 갑절로 주거나(GNT) 후한 보수를 주라고(NLT) 하였습니다. 예수 그리스도의 복음을 전하고 하나님의 말씀을 가르치도록 하나님이 선물로 보내 주신 사람을 존경하라는 말입니다. 말씀을 배우는 사람이 가르치는 자의 물질적인 필요를 채워주면 가르치는 자는 물질을 공급받지만 배우는 자는 "주님의 보상"이 있을 것이란 주님의 약속을 믿어 그에 합당한 복을 받게 됩니다.

> 가르침을 받는 자는 말씀을 가르치는 자와 모든 좋은 것을 함께 하라 갈 6:6
> Those who are taught the word of God should provide for their teachers, sharing all good things with them [NLT]

> 스스로 속이지 말라 하나님은 업신여김을 받지 아니하시나니 사람이 무엇으로 심든지 그대로 거두리라 갈 6:7

> 선지자의 이름으로 선지자를 영접하는 자는 선지자의 상을 받을 것이요 의인의 이름으로 의인을 영접하는 자는 의인의 상을 받을 것이요 또 누구든지 제자의 이름으로 이 작은 자 중 하나에게

냉수 한 그릇이라도 주는 자는 내가 진실로 너희에게 이르노니 그 사람이 결단코 상을 잃지 아니하리라 하시니라 마 10:41-42

믿음으로 드리는 희생적인 헌금은 하나님의 나라에서 당신을 뛰어나게 합니다

아벨의 제사 이후에 희생적인 예물을 하나님께 드린 대표적인 사람은 아브라함일 것입니다. 아브라함은 적에게 사로 잡혀간 롯을 구하러 갈 때 318명이나 되는 종들을 데리고 갈 정도로 부자였습니다. 그러나 하나님께서는 그의 재물이 아니라 하나뿐인 아들 이삭을 바치라고 하셨습니다. 이에 아브라함이 순종하여 아들을 바치려 하자 하나님께서는 그의 믿음을 보시고 그를 막으셨습니다. 이 사건은 오실 그리스도의 죽음과 부활의 모형인 것을 알 수 있습니다(창 22장).

아버지 다윗으로부터 왕위를 물려받고 성전을 건축할 수 있었던 부요한 왕 솔로몬은 소 천 마리를 잡아 번제를 드렸을 때 하나님으로부터 지혜를 받았습니다. 그는 큰 헌금을 드림으로써 하나님을 꿈에 뵙고 지혜를 구하여 지혜뿐만 아니라 장수와 부귀까지 받았습니다(왕상 3장).

가버나움의 백부장은 이방인이었지만 유대인들을 위해 회당을 지어주었습니다. 그의 이런 큰 헌금에 유대인 장로들도 감동을 받았습니다. 그들은 백부장의 종이 병들었을 때 그를 대신해서 예수님께 간절히 구하였습니다. 그는 이방인이었음에도 불구하고 주님의 관심을 끌고 치유를 받게 되었습니다.

> 예수께서 모든 말씀을 백성에게 들려주시기를 마치신 후에 가버나움으로 들어가시니라 어떤 백부장의 사랑하는 종이 병들어 죽게 되었더니 예수의 소문을 듣고 유대인의 장로 몇 사람을 예수께 보내어 오셔서 그 종을 구해 주시기를 청한지라 이에 그들이 예수께 나아와 간절히 구하여 이르되 이 일을 하시는 것이 이 사람에게는 합당하니이다 그가 우리 민족을 사랑하고 또한 우리를 위하여 회당을 지었나이다 하니   눅 7:1-5

욥바의 다비다란 여제자는 생전에 선행과 구제함이 무척 많았고, 특히 가난한 과부들에게 옷을 지어 입혔습니다. 그녀의 죽음을 슬퍼하던 사람들은 그녀가 베푼 사랑을 기억하며 베드로를 불러서 기도를 요청했습니다. 그녀가 자원하여 드렸던 '사랑의 헌금'이 결국 그녀의 생명을 살렸습니다. 자원하여 드리는 큰 헌금은 드리는 사람을 하나님 앞에서 뛰어나게 합니다.

욥바에 다비다라 하는 여제자가 있으니 그 이름을 번역하면 도르가라 선행과 구제하는 일이 심히 많더니 그 때에 병들어 죽으매 시체를 씻어 다락에 누이니라 룻다가 욥바에서 가까운 지라 제자들이 베드로가 거기 있음을 듣고 두 사람을 보내어 지체 말고 와 달라고 간청하여 베드로가 일어나 그들과 함께 가서 이르매 그들이 데리고 다락방에 올라가니 모든 과부가 베드로 곁에 서서 울며 도르가가 그들과 함께 있을 때에 지은 속옷과 겉옷을 다 내보이거늘 베드로가 사람을 다 내보내고 무릎을 꿇고 기도하고 돌이켜 시체를 향하여 이르되 다비다야 일어나라 하니 그가 눈을 떠 베드로를 보고 일어나 앉는지라   행 9:36-40

바나바는 교회를 위하여 자신이 밭을 판 돈을 사도들의 발 앞에 두었던 일로 처음으로 교회 앞에서 사도들에게 주목을 받게 되었습니다. 이어서 두 번째 그에 대한 기록은 바로 사울과 함께 사도로서 안디옥 교회의 최초의 선교사로 파송되는 장면입니다. 바나바가 드린 희생적인 헌금은 그를 세상의 부자에서 하나님의 교회의 사도로 부르심을 받아 쓰임을 받는데 결정적인 역할을 한 것으로 여겨집니다.

구브로에서 난 레위족 사람이 있으니 이름은 요셉이라 사도들이 일컬어 바나바라(번역하면 위로의 아들이라) 하니 그가 밭이 있으매 팔아 그 값을 가지고 사도들의 발 앞에 두니라

행 4:36-37

주를 섬겨 금식할 때에 성령이 이르시되 내가 불러 시키는 일을 위하여 바나바와 사울을 따로 세우라 하시니 행 13:2

성령의 음성에 순종하여 하나님께나 사람에게 주는 훈련은 믿음의 근육을 튼튼하게 하며 재물을 다루는 능력을 증가시키고 하나님으로부터 더 큰 재물을 관리할 기회를 얻게 합니다

믿음이 없이는 하나님을 기쁘시게 하지 못하나니 하나님께 나아가는 자는 반드시 그가 계신 것과 또한 그가 자기를 찾는 자들에게 상 주시는 이심을 믿어야 할지니라 히 11:6
And without faith it is impossible to please him, for whoever would draw near to God must believe that he exists and that he rewards those who seek him[ESV]

성도들은 십일조 금액과 수입의 몇 퍼센트를 헌금으로 드릴지 기도하여 결정하고 체계적으로 계획하여 드리는 것이 현명합니다. 부부인 경우에는 부부가 함께 헌금을 얼마나 할 것인지 기도하며 인도받고 합의한 만큼 즐겁게 드리면 됩니다.

> 이것이 곧 적게 심는 자는 적게 거두고 많이 심는 자는 많이 거둔다 하는 말이로다 각각 그 마음에 정한 대로 할 것이요 인색함으로나 억지로 하지 말지니 하나님은 즐겨 내는 자를 사랑하시느니라 하나님이 능히 모든 은혜를 너희에게 넘치게 하시나니 이는 너희로 모든 일에 항상 모든 것이 넉넉하여 모든 착한 일을 넘치게 하게 하려 하심이라   고후 9:6-8

> 집사의 직분을 잘한 자들은 아름다운 지위와 그리스도 예수 안에 있는 믿음에 큰 담력을 얻느니라   딤전 3:13

첫 열매와 십일조 외에 자원하여 드리는 헌금은 전적으로 개인의 자유입니다. 그러나 계획된 예산 이외에 특별히 헌금을 할 기회가 오거나 섬겨야 할 사람을 만나게 될 경우는 그 때마다 성령님의 인도를 받고 순종하는 훈련을 해야 합니다. 성령의 감동을 받고 즉시 순종하지 않으면, 일반적으로 몇 단계 유혹과 시험의 과정을 통과하는 믿음의 싸움을 싸워야 합니다. 그러나 믿음으로 순종하면 더 큰 기쁨과 증거를 얻게 됩니다. 어려운 일에 순종할수록 그 기쁨은 더 크고, 성령의 음성을 정확히 듣고 순종하면 하나님의 응답은 바로 나타납니다. 부모가 자녀의 성장에 따라 용돈을 주며 교육하고 훈련하듯이, 교회는 성도들의 헌금생활은 물론 심고 거두는 원리를 가르치고 훈련해야 합니다. 마리아가 예수님 몸에 향유를 부은 것처럼 지금 이 땅에서 우리가 사랑을 쏟을 그리스도의 몸은 교회입니다. 이 땅에 살아 있는 동안 자신의 몸을 사랑하고 보호하듯이 우리는 아낌없이 기회 있는 대로 교회를 섬기고 사랑해야합니다.

동역자 헌금 Partnership Offering

> 그 후에 예수께서 각 성과 마을에 두루 다니시며 하나님의 나라를 선포하시며 그 복음을 전하실새 열두 제자가 함께 하였고 또한 악귀를 쫓아내심과 병 고침을 받은 어떤 여자들 곧 일곱 귀신이 나간 자 막달라인이라 하는 마리아와 헤롯의 청지기 구사의 아내 요안나와 수산나와 다른 여러 여자가 함께 하여 자기들의 소유로 그들을 섬기더라   눅 8:1-3

예수님께서는 삼 년간 제자들과 함께 갈릴리 지방 전부와 요단강 아래로부터 유대의 언덕과 예루살렘까지 팔레스타인 전역을 여행하셨습니다. 그러한 여정에서 최소한 열두 명 이상 스무 명 정도의 사람들에게 매일 필요한 음식과 잠잘 곳을 마련하기 위하여 상당한 비용이 필요했을 것입니다. 위의 말씀은 예수님께는 그분을 후원하고 돕는 동역자들이 있었다고 증거하고 있습니다. 그들은 자기들의 소유로 신실하게 예수님의 사역에 필요한 재정을 공급하였습니다. 물론 예수님은 필요에 따라서 하나님의 기적의 능력을 통해 자신과 다른 사람들의 필요를 채워주시기도 하셨습니다(마 17:24-27, 마 15:32-39). 이 땅에서 사시는 동안 예수님은 재정의 부족함이 없이 하나님께서 지시하신 일들을 수행하실 수 있었습니다. 제자들도 물론 예수님과 같은 공급과 형통을 경험하였습니다.

> 그들에게 이르시되 내가 너희를 전대와 배낭과 신발도 없이 보내었을 때에 부족한 것이 있더냐 이르되 없었나이다
>
> 눅 22:35

예수님은 제자들을 파송할 때 돈을 주어 보내지 않으셨습니다. 제자들도 맡겨진 사역을 수행할 때 아무런 부족함이 없었음을

증언했습니다. 그들의 필요는 넉넉히 공급되었습니다. 주님께서 "여우도 굴이 있고 공중의 새도 거처가 있으되 인자는 머리 둘 곳이 없다"고 하신 말씀은 자신을 따르려는 어떤 사람에게 하신 말씀입니다. 여기서 주님은 주무실 곳도 없이 떠도는 것이 아니라, 사람들에게 환영을 받지 못하고 배척을 받으실 것을 말씀하신 것입니다(마 8:20, 눅 9:58).

누구든지 주님의 말씀대로 훈련받고, 주님께서 보내시는 곳에 가서, 주님께서 시키신 일을 한다면, 주님은 그의 공급자가 될 것입니다. 그러나 제대로 훈련받지 않고 주님이 보내심과 무관하게, 스스로 결정하고 인간적인 방법에 의지하는 사람까지 책임질 것을 약속하시지는 않으셨습니다.

복음을 전파하며 교회를 세우는 일 즉 "가서 모든 족속을 그리스도의 제자로 삼는 일"에는 재정적인 능력이 필수적입니다. 선교는 물론 어떤 사역을 위해서도 대부분 돈이 필요합니다. "동역자 헌금partnership offering"은 어떤 사역의 목적을 이루기 위해 헌금을 하거나 다른 것으로 기여하는 것을 말합니다. 성경은 사도 바울과 그의 선교 사역에 함께 재정 후원으로 참여했던 빌립보 교회를 통해 동역의 원리와 축복을 잘 설명해 주고 있습니다.

이는 너희가 내 마음에 있음이며 나의 매임과 복음을 변명함과 확정함에 너희가 다 나와 함께 은혜에 참여한 자가 됨이라

빌 1:7

You are always in my heart! And so it is only right for me to feel as I do about you. For you have all shared with me in this privilege that God has given me, both now that I am in prison and also while I was free to defend the gospel and establish it firmly [GNT]

바울은 감옥에 갇혀 있었을 때에 그들의 후원에 감사하며 이 편지를 써서 보냈습니다. 그는 빌립보 교회의 재정 후원은 자신과 함께 은혜에 참여한 것이라고 말했습니다. 그들은 바울의 사역에 함께 참여하는 동역자였습니다. 선교활동에 기도와 헌금으로 동참하는 것은 그 비전을 사는 것일 뿐만 아니라 그 사역과 사역자를 통해 하나님이 주시고자 하는 모든 고난과 은혜에 참여하는 자가 되는 것입니다.

그러나 여러분이 나의 고난에 동참한 것은 잘 한 일입니다. 빌립보의 교우 여러분, 여러분도 아는 바와 같이, 내가 복음을 전파하던 초기에 마케도니아를 떠날 때에, 주고 받는 일로 나에게

협력한 교회는 여러분밖에 없습니다. 내가 데살로니가에 있을 때에도, 여러분은 내가 쓸 것을 몇 번 보내어 주었습니다. 나는 선물을 바라지 않습니다. 나는 여러분의 장부에 유익한 열매가 늘어나기를 바랍니다. 나는 모든 것을 받아서, 풍족하게 지내고 있습니다. 나는 여러분이 보내 준 것을 에바브로디도로부터 받아서 풍족합니다. 그것은 아름다운 향기이며, 하나님께서 기쁘게 받으시는 제물입니다. 나의 하나님께서 자기의 풍성하심을 따라 그리스도 예수 안에 있는 영광으로 여러분에게 필요한 것을 모두 채워 주실 것입니다. 하나님 우리 아버지께 영광이 영원히 있기를 빕니다. 아멘.   빌 4:14-20 새번역

빌립보 교회는 헌금을 보내주며 선교 사역을 후원함으로써 바울이 여러 교회를 세우는데 함께 협력하였습니다. 그들이 보낸 헌금은 하나님이 받으시는 향기로운 제물이자 하나님을 기쁘시게 한 것이었습니다. 바울은 그리스도 예수 안에서 하나님께서 영광 가운데 그 풍성한 대로 그들의 모든 쓸 것을 채워주실 것을 선포했습니다.

미국인 사업가, 스탠리 탬의 이야기

하나님이 나의 사업을 소유하시다[5]

나의 상황을 똑바로 보게 된 것은 콜럼버스에서였다. 나는 사진잡지에 광고를 할 자금이 없었다. 나는 단지 나의 두 손과 사업을 가동시킬 수 있는 두 입술만 가지고 있을 뿐이었다. 아침에 세운 목표는 밤이 되어도 실현되지 않았다. 나는 파산한 셈이었다.

나는 사업을 그만두기로 작정하였다. 낙심된 마음에 멍해진 채 나는 몇 가지 소지품들을 꾸려 집으로 향해 떠났다. 나는 직업을 구하든지 아니면 판매하는 일로 다시 돌아가리라고 생각했다. 한 가지 분명한 것이 있었다. 다시는 사업에서 성공하려고 애를 쓰지 않겠다는 것이다.

집을 향해 차를 몰면서 나는 기도하였다.

"하나님, 왜 이런 결과가 되었습니까? 왜요? 하나님?"

그때에 믿기 어려운 일이 일어났다.

콜럼버스를 막 벗어났을 때 주님이 나에게 말씀하시는 것 같았다.

---

[5] 스탠리 탬(2016), "하나님이 나의 사업을 소유하시다(God Owns My Business)", p.60-62, 규장. 그에 관한 또 다른 책, "하나님과 함께 한 스탠리 탬의 놀라운 모험(Stanley Tam's Incredible Adventure with God)", 도서출판 세복, 2004

"스탠리, 실망할 필요가 없다. 너는 빈털터리가 되지는 않는다."

나는 깜짝 놀랐다. 하나님의 목소리라는 느낌은 너무도 명백하였다.

"하나님, 제게 무슨 일이 생겼는지 당신은 아십니다." 나는 말했다.

"제가 사업을 계속하기에는 충분치 않습니다. 지금 나에게 자본만 있다면…"

"너는 재정적 결핍에 대해 염려할 필요가 없다. 너는 나에 대한 믿음만 있으면 된다, 스탠리."

마음속에서 나오는 음성이 말했다.

"하나님, 나는 믿음이 있습니다."

"너의 사업을 나에게 양도할 만큼 충분한 믿음인가? 너를 대신하여 내가 그 사업을 운영하도록 맡길 만한 믿음이 있는가?"

말할 수 없는 경외감이 나에게 몰려왔다. 나는 신앙생활에 대해 진지했었다. 나는 내가 하는 모든 것에서 하나님이 최우선이 되기를 원했었다. 또 그렇게 하였다. 그러나 나의 사업을 운영하는 일에 그분을 의존한다는 생각은 마치 내가 받아 볼 신문처럼 내게는 전혀 새로운 것이었다.

그러나 잠깐만! 이것은 정말 하나님의 음성일까? 혹시 내가 문제에 너무 집착한 나머지 스스로 환각 속에 빠진 것은 아닐까? 물론 두 말 할 나위도 없이, 나는 탐코를 더 이상 만들어 팔 수 없다는 사실에 매우 낙담하고 있긴 했다. 그러나 그것보다도 어쩌면 손상된 자존심 때문에 더 낙심하고 있었던 것이다.

어떻게 해서든지 체면만은 세우고 싶었다. 어쨌든 내 자신의 사업에 대해서 완전히 잊는다면 정말 행복할 것 같았다.

"약속을 기억하라!"

나는 마음속에서 울려나오는 이 음성에 대해서 다시 한 번 깊이 생각해 보았다. "나의 하나님이 그리스도 예수 안에서 영광 가운데 그 풍성한 대로 너의 모든 쓸 것을 채우시리라"(빌 4:19).

"그 계약은 아직도 유효하다. 네가 원한다면 그 계약권을 요구할 수도 있다. 이제는 너의 사업을 나에게 맡겨 보아라. 내가 너의 필요를 채워 주리라. 내가 너를 위해 예비해 놓은 것을 알지 못하느냐?"

경외감이 나에게 몰려왔다. 나는 고속으로 달리던 차의 속도를 늦추었다. 그러자 뒤따라오던 트럭이 커브길 바깥쪽 차선에 걸쳐진 채 내 차 뒤를 들이받기 직전에 급정거해서 내 차로 막힌 앞길이 뚫리기만을 기다려야 하는 처지가 되었다. 트럭 운전사는 화가 나서 경적을 울려댔다. 나는 사과하는 마음으로 그를 힐끗 쳐다보았다. 그는 결국 내 차를 추월해서 사라져 버렸다.

"주님!"

나는 천천히, 신중히 그리고 큰 소리로 기도하였다.

"이것이 정말 이루어질 수 있습니까? 그것이 가능하다면 저는 그렇게 되기를 원합니다. 나의 사업을 당신에게 양도하겠습니다. 하나님, 그 일을 맡으십시오. 그리고 당신이 그것을 성공시킨다면 나는 모든 방법을 다하여 당신을 공경하겠습니다. 약속합니다!"

파도와 같은 확신이 나의 영을 사로잡았다.

리마의 집에 도착한 후, 나는 부모님에게 무슨 일이 일어났는지를 말씀드리고 아버지가 그 사업을 다시 시작할 수 있도록 도와주실 수 있는지 물었다.

아버지는 12달러를 나에게 주셨다. 그것은 그가 할 수 있는 전부였다. 그 투자금과 나의 주머니에 있던 20달러를 가지고 나는 다시 일을 시작하였다. 그것은 매우 길고 어려웠으나, 반드시 성공하리라는 것을 나는 알고 있었다.

그 후, 스탠리 탬은 80년대에 기독교성결교회 선교부와 협력하여 대한민국에 600여 개의 교회 개척을 재정적으로 후원하였으며, 인도에는 수천 개의 교회 개척을 후원하였다.

하나님의 보호하심의 약속, 십일조

태어나서 처음으로 교회에 출석한 지 3개월 후에 바로 육사에 들어갔으니 십일조가 수입의 10%를 교회에 헌금하는 것이란 정도만 알고 있었던 것 같습니다. 사관학교에서 십일조에 대한 설교나 가르침을 배웠을 리도 없고 육군 소위로 임관하여 봉급을 탔으나 적은 돈이라고 다 써버리는 수준이었습니다. 보병 소대장, 대대 참모로 근무할 때는 주말에 당직근무를 하지 않으면 외출을 하였습니다. 가끔 부대 가까이 있는 시골 교회에 나가서 예배를 드리는 것이 전부였습니다. 그 후 판문점 JSA에서 연락장교로 근무하는 동안은 근무 시간 때문에 3주에 한 번만 주일날 쉴 수 있었는데 그 때는 지금의 아내와 연애하기에 바빴습니다. 임관 5년 후에 제대하고 교제하던 믿지 않는 아내와 결혼하였으므로 핑계 삼아 십일조를 하지 않았습니다.

제대 후에 처음 구한 직장은 스스로 영어 공부를 할 수 있는 카세트 테이프를 판매하는 영업사원이었습니다. 아는 친지들을 찾아다니고 소개를 받으며 실력을 길렀지만, 결국 3~4개월이 지나자 고객을 찾는 전화를 할 의욕도 사라지고, 거절당하는 데 대한 자존심도 바닥을 치게 되었습니다. 설상가상으로 내가 직접 사용해서 영어 회화를 배운 경험이 없으니 가격도 비싸다는 생각이 들자 판매에 대한 의욕이 사라지고 고객을 만나는 것보다 남산에 올라가 벤치에 앉아 혼자 이런저런 생각에 잠겨드는 시간들이 늘어나게 되었습니다.

병 때문에 일찍 제대하여 좋은 직장을 구하여 여의도의 멋진 고층 빌딩에서 일하고 있는 육사 동기생을 만나기로 한 어느 날이었습니다. 약속을 하고 그가 일한다는 새로 지은 높은 빌딩 앞에까지는 찾아갔으나 자존심이 상해서 사무실로 올라가는 엘리베이터 앞에서 돌아 나와 버렸습니다. 그대로 발걸음을 옮겨 간 곳이 여의도 순복음교회의 텅 빈 대 예배당이었습니다. 장의자에 혼자 앉아 하나님께 기도했습니다. "하나님, 테이프를 잘 팔 수 있도록 해 주시면, 그 동안 떼먹었던 십일조를 드리겠습니다." 단순한 기도였지만 그것이 내가 가장 밑바닥을 쳤을 때 드린 매우 간절하고 진실한 기도였습니다. 그러나 그 후로도 몇 주 동안 한 건도 계약을 하지 못했습니다.

그러던 어느 날 아는 선배에게서 중동에 파견된 건설회사에서 영어를 할 수 있는 사원을 모집하는 곳이 있는데 응시해 보겠느냐는 연락이 왔습니다. 그 후 면접을 하고 중동에 진출한 건설회사에 취직이 되었습니다. 영업사원을 한 지 4개월 정도 되었을 때였습니다. 그 후 출국 수속과 교육을 받고 한 달쯤 지난 후에 나는 결혼 후 6개월 만에 사우디아라비아의 알코바에 있는 회사의 중동본부에서 근무하게 되었습니다. 첫 달 봉급이 대졸 신입사원 최고 봉급의 거의 세 배가 되었습니다. 테이프를 잘 팔게 해 주시면 십일조를 하겠다고 약속한 기도 생각이 났지만 돈을 많이 버니 10%가 너무 많아 보였습니다. 당시 아내는 공무원으로 일하고 있었는데 내 십일조가 아내 봉급의 반이 넘었습니다. 나는 다시 아내가 불신자인 것과 기도한 대로 정확하게 판매를 늘려주시지 않았다는 그럴듯한 핑계로 십일조를 교회에 드리는 것을 가볍게 잊어버렸습니다.

그 후 19개월 동안 우리 부부는 열심히 저축하여 1982년 당시 돈으로 3만 달러를 들고 미국 유학길에 오를 수 있었습니다. 그러나 바로 그 때 신기하게도 3천 달러를 남을 빌려 주었다가 받지 못하게 되었습니다. 나는 잃어버린 돈보다 정확하게 10%를 마귀에게 빼앗긴 것에 더 놀랐습니다. 내가 하나님께 신실하지 못하였으므로, 나는 내 재산을 삼키는 자인 마귀의 도둑질로부터 보호받지 못했습니다. 큰 돈을 가지고 갔지만 미국에서는 학생 신분으로 돈을 벌 수 없으므로 철저하게 절약을 하면서 아주 가난한 사람처럼 사는 수밖에 없었습니다. 미국 교회에 나가면서 우리 부부는 말씀을 통해 은혜를 받는 것은 물론 성령을 받고 방언을 말하게 되었습니다. 그 후부터는 아내가 아르바이트라도 하여 적은 돈이라도 생기면 철저하게 십일조와 헌금을 드렸습니다. 우리는 함께 공부하던 유학생들도 하나씩 교회에 데리고 가서 성령을 받고 방언 기도를 하도록 도와주었습니다. 그들과 함께 교제하기 위해 매주 학생 아파트에 모여 기도회를 열었습니다. 많을 때는 스무 명 이상이 되어 할 수 없이 단독주택에 사는 교환교수로 오신 분의 집에서 모일 때까지 집에서 그 모임을 지속하였습니다. 마지막 남은 한 학기를 마치자마자 우리 부부는 레마성경훈련소에 입학하기 위해 성령의 인도를 받고 위스콘신 주 매디슨을 떠났습니다. 가져갔던 돈을 다 쓴 다음 다시 신학대학원에 진학하게 되자 우리는 완전히 새로운 경제적인 어려움에 처하게 되었습니다. 다음 글은 오클라호마 털사로 이사를 한 후 작은 한인교회를 섬기며 신학 공부를 할 때에 주님이 얼마나 신실한 공급자이셨는지에 대해 아내가 쓴 간증이 실려있는 나의 칼럼집의 한 부분입니다.

주님만 바라보며[6]

할렐루야! 10년 전 어느 여름, 미국의 위스콘신 주 매디슨이란 도시에서 대학원 과정을 한 학기 남겨놓고 남편이 주님의 부르심에 순종해 목회자의 길을 가겠노라고 내게 제의했습니다.

그 즈음 주님께서는 강퍅하기 한이 없던 나의 마음을 여러 가지 성령 체험으로 뜨겁게 하셨고 사모하는 마음으로 가득 채워주셔서 매일 기도할 때마다 "주님, 사랑합니다"라고 고백하던 중이라, 나는 신앙 양심상 남편의 제의를 거절할 수 없어서 누구나 "험한 길"이라 부르며 쉽게 가고 싶어 하지 않는 이 길로 들어서게 되었습니다.

6개월 후 남편은 대학원을 졸업하였고, 우리 부부는 신학 공부를 위해 새로운 주님의 훈련 과정으로 들어섰습니다. 주님의 계시로 우리는 책과 옷과 몇 개의 식기만을 챙겨 한 번도 가보지 못한 "털사"라는 도시에 야영을 하며 차로 3일 만에 도착하였습니다.

그 곳은 아주 낯선 곳이라, 아는 사람도 없었고 돈도 없었습니다. 모든 것을 주님의 손에 맡겨야만 했습니다. 그러나 주님께서

---

[6] 김진호, "나의 사랑 나의 교회"(믿음의 말씀사: 2010), P. 39-41

는 우리보다 먼저 그 곳에 가셔서 기적적으로 매일매일 역사하시기 시작했습니다. 주님은 우리가 있을 곳을 주셨고 청소부로 일할 직장을 주셨습니다. 생활비와 남편의 학비를 위해 낮에는 청소부 일로, 밤에는 남편과 함께 빌딩 청소하는 일로 몸은 피곤하였지만, 내 청소 바구니 안에 들어 있는 수백 개의 성경 구절을 외우며 늘 기도하며 나의 영은 기쁨으로 날아갈 듯 충만하였습니다. 빈 몸인지라, 주님이 주셔야 먹을 수 있었고, 주님이 주셔야 입을 수 있었으며, 주님이 주셔야만 무엇이든 할 수 있었습니다. 우리는 매일매일 주님의 기적적인 역사하심을 보았고 시간 시간 주님을 체험하였습니다.

그 즈음에 딸 "보라"를 갖게 되었습니다. 정상 분만을 하여도 병원비가 120여 만원이 들어 하루 벌어 하루 먹고 사는 우리에게는 너무나 큰 돈이었기에 아기 낳을 일이 내심 걱정도 되었지만 '주님께서 허락하셨으니, 주님께서 예비하시겠지'라는 믿음을 주셨습니다.

몇 달 후, 남편이 다니는 신학교에서 의무적으로 들어야 하는 의료보험을 20만원 정도에 들었는데, 그 보험으로 해산 비용까지 모두 지불해 준다는 놀라운 소식을 받게 되었습니다. 이것은 믿어지지 않는 기쁜 소식이었습니다. 왜냐하면 미국 대부분의 보험회사에서 해산 비용은 해산을 위한 보험을 따로 들어야 하고, 그것도 임신 전에 들어야만 혜택이 가능했기 때문이었습니다.

서너 달 후, 딸 보라가 "믿음의 도시"라는 이름을 가진 최고 시설의 오랄 로버츠 대학교 부속병원에서 그리스도인 의사의 제왕절개 수술로 태어났습니다. 수술비용이 500만원 정도 나왔으나 학교 보험의 혜택으로 모두 지불되었습니다. 그 외에도 주님의 역사하심을 열거하자면 며칠이 걸려도 모자랄 것입니다.

되돌아보면, 마치 철모르는 어린 아이가 덤벙거리며 빠질 것도 모르고 시냇물을 건너는데 그 발 앞에 징검다리를 하나하나 급히 놓으시는 주님의 모습을 연상케 합니다.

2년 후 첫 목회지에 전도사로 파송될 때도 우리는 빈손이었고, 눈에 보이는 것은 아무것도 없었으나 그 곳에서 3년 목회 기간 동안 주께서 돕는 사람도 보내시고 모든 필요한 물질도 공급해 주셨습니다.

그 후 "한국으로 가라"고 명하실 때도 우리는 빈손이었고, 또 1년 4개월 전 개척을 명하실 때도 우리는 빈손이었으나 주께서 모든 일꾼들과 물질을 예비하셨습니다. 주님은 그 오랜 세월 동안 늘 성실히 돌봐주셨고 한 번의 실수도 없으셨습니다.

"주의 인자는 끝이 없고 그의 자비는 무궁하며 아침마다 새롭고 또 새로우니 그의 성실이 큼이라, 성실하신 주님."

주여! 언제든지 주님이 명하시면 빈손으로 따를 믿음을 우리에게 주시옵소서. 주님의 공급과 예비하심이 성실하신 것을 이 작은 입으로 찬양합니다. 할렐루야!

(1991. 3. 17 "나의 사랑 나의 교회" 칼럼 중에서)

땅이 있을 동안에는
심음과 거둠과 추위와 더위와
여름과 겨울과
낮과 밤이 쉬지 아니하리라

창세기 8:22

3

번영의 사고방식과
심고 거두는 법칙

Chapter 3

번영의 사고방식과 심고 거두는 법칙

ORU
ORAL ROBERTS UNIVERSITY

오랄 로버츠(1918-2009) 목사님은
자기 세대에 "치유의 복음"으로 수많은 병자를 고치고
다음세대를 위해 영·혼·몸을 훈련하는 학교를 세웠습니다

어리석은 부자	지혜로운 청지기

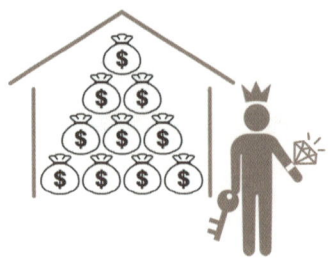	
[누가복음 12:13-21]	[누가복음 16:1-13]

3장
번영의 사고방식과 심고 거두는 법칙

번영의 사고방식 Mindset

하나님의 사고방식 mindset이란 하나님의 마음, 하나님의 지혜, 하나님의 관점을 의미합니다. 하나님처럼 생각하는 습관을 가질 수 있는 확실한 방법은 유대인들의 자녀 교육법[7]으로 우리에게 알려진 "쉐마"입니다.

> 이스라엘아 들으라 우리 하나님 여호와는 오직 유일한 여호와 이시니 너는 마음을 다하고 뜻을 다하고 힘을 다하여 네 하나님 여호와를 사랑하라 오늘 내가 네게 명하는 이 말씀을 너는 마음에 새기고 네 자녀에게 부지런히 가르치며 집에 앉았을 때에든지 길을 갈 때에든지 누워있을 때에든지 일어날 때에든지 이 말씀을 강론할 것이며 너는 또 그것을 네 손목에 매어 기호를 삼으며 네 미간에 붙여 표로 삼고 또 네 집 문설주와 바깥 문에 기록할 지니라   신 6:4-9

---

[7] 다니엘 라핀, "부의 비밀," "부의 바이블," "선한 부자를 위한 돈 버는 십계명"등의 이름으로 번역되어 나온 "Thou Shall Prosper"를 참고하라

쉐마란 히브리어로 '들으라'는 말인데, "여호와의 말씀"을 듣는 것입니다. 마음과 뜻과 힘을 다해 하나님을 사랑하는 것은 하나님의 말씀대로 사는 것입니다. 말씀대로 살기 위해서는 말씀을 내 마음에 새겨야 합니다. 즉 하나님의 말씀으로 말씀과 다른 자신의 생각을 고치는 것입니다. 어릴수록 자신의 경험과 생각이 적어서 더 효과적이므로 부모는 자녀들을 어렸을 때부터 철저히 훈련해야 합니다.

그 방법은 첫째, 부지런히 가르치는 것입니다. 얼마나 부지런해야 하는지 자세히 설명되어 있습니다. 집에 앉았을 때란 온 식구가 함께 식사할 때 즉 밥상머리 교육입니다. 길을 함께 걸을 때, 자기 전에 누워있을 때 침대 머리에서, 일어날 때 즉 아침 식사 전에도 이 말씀을 가르치라고 했습니다. 아침에 눈을 뜨고 저녁에 잠들기 전까지 모든 깨어있는 시간에 부모는 자녀를 관찰하며, 가르치고, 질문하고, 질문에 대답해 주고, 토론하며 하나님의 말씀이란 진리를 마음에 새기도록 도와주어야 합니다.

둘째는, 스스로 말씀을 마음에 새기려고 성구함을 손목에 매었습니다. 내가 거울을 볼 때는 물론 다른 사람들이 내 얼굴을 볼 때도 그들의 눈에 먼저 띄도록 미간에 성구함을 붙였습니다. 집에는 문설주와 바깥문에도 말씀을 기록해서 드나들며 말씀을 볼 수 있도록 했습니다. 그림이나 문자로 기록한 것은 듣기만 한 것보다 훨씬 더 중요하게 여겨져서 오래 기억됩니다. 그러므로 마음에 새기는 최고의 방법은 그림으로 보고 글로 쓴 것을 자주 보는 것입니다. 귀로만 들은 것은 72시간 후에 10%정도 기억하지만 그림으로 본 것은 65% 정도 기억할 수 있을 정도로 이미지는 더 강력합니다.[8]

단순한 정보나 지식으로는 가치관과 생각이 바뀌지 않습니다. 생각이 바뀌지 않으면 삶도 바뀌지 않습니다. 온유한 마음으로 받아들여서 영에 새겨진 하나님의 말씀은 그 사람의 가치관을 바꾸고 사고방식이 되어 삶도 바뀌게 됩니다. 새긴다는 것은 단단한 돌이나 나무에 도장을 새기듯이 반복해서 깊이 박히게 하여 쉽게 잊혀지지 않도록 하는 행위입니다. 이것이 바로 유대인들의 형통의 비밀입니다. 유대인들의 대부분은 아직도 예수님을 믿지 않지만, 그들이 재정 분야에서 번영하는 이유는 바로 이 원리를 실천하기 때문입니다.

유대인들은 매주 안식일과 함께 매년 절기를 철저히 지킴으로써 과거의 역사에서 배운 것을 기억하며 잊지 않습니다. 유월절에는 양고기와 누룩 없는 빵과 쓴 나물을 먹으며 곧 이어 무교절

---

[8] Dr. Rich Melheim, "RICH Learning" (RICH Learning Global Publishers, Stillwater, MN, USA: 2017)

에는 한 주간 누룩 없는 빵만 먹으며 지냅니다. 이스라엘 민족이 이집트에서 노예생활을 마치고 탈출하던 그 밤에 시간이 없어서 발효시키지 않은 누룩 없는 빵을 구워서 양식으로 가지고 나온 것을 기억하는 절기입니다. 장막절에는 이스라엘 민족이 이집트에서 탈출한 뒤 광야에서 천막을 치고 살았던 것을 기억하기 위해 천막을 치고 지내며 절기를 지킵니다. 어려서부터 철저하게 말씀을 배우고 성경의 이야기를 절기로 지키며 축하하며 그들만의 문화가 되게 합니다. 이렇게 하여 마침내 고유한 유대인의 사고방식을 갖게 합니다. "신명기"에는 십일조에 관한 규례를 언급하면서 하나님의 축복으로 이스라엘 민족이 재정적으로 번영하게 될 것이 기록되어 있습니다(신 14:22-15:6). 오늘날도 유대인들이 그들의 부를 통해 세계의 경제와 정치에 끼치는 영향력은 실제로 대단합니다.

> 네 하나님 여호와께서 네게 기업으로 주신 땅에서 네가 반드시 복을 받으리니 너희 중에 가난한 자가 없으리라 네 하나님 여호와께서 네게 허락하신 대로 네게 복을 주시리니 네가 여러 나라에 꾸어 줄지라도 너는 꾸지 아니하겠고 네가 여러 나라를 통치할지라도 너는 통치를 당하지 아니하리라   신 15:5-6

가나안 땅을 정복한 여호수아의 승리의 비밀

오직 강하고 극히 담대하여 나의 종 모세가 네게 명령한 그 율법을 다 지켜 행하고 우로나 좌로나 치우치지 말라 그리하면 어디로 가든지 형통하리니 이 율법책을 네 입에서 떠나지 말게 하며 주야로 그것을 묵상하여 그 안에 기록된 대로 다 지켜 행하라 그리하면 네 길이 평탄하게 될 것이며 네가 형통하리라

수 1:7-8

모세가 죽은 후에 이스라엘 민족이 가나안 땅을 정복하도록 이끈 여호수아에게 주님이 요구한 한 가지 훈련은 말씀을 묵상하는 것이었습니다. 여호수아 1:7-8은 신명기 6:6-9과 함께 '묵상'과 관련된 대표적인 구절입니다. 여호수아 1장 8절을 킹제임스 영어본은 "네가 네 길을 형통하게 만들 것이다 thou shalt make thy way prosperous"라고 번역했습니다. 즉 각 사람이 말씀을 주야로 묵상하는 것이 형통의 비밀입니다. 즉 말씀을 믿고, 말하고, 선포하고, 마음에 새김으로써, 번영의 사고방식을 가지게 됩니다. 생각과 말이 바뀌어 말씀대로 선택하고 실천하면 그의 길은 형통하게 됩니다.

결국 형통함은 어떤 사람의 환경과 관계가 없다는 것을 알 수

있습니다. 오히려 그 사람이 형통하는 자의 생각과 행동을 하기 때문에 어디를 가든지 형통해집니다. 요셉은 보디발의 집에 팔려갔을 때나 감옥에 있을 때나 왕궁에 있을 때나 어디서든지 탁월한 지혜가 있었으며 그가 하는 일은 잘되었습니다. 다니엘의 경우도 마찬가지였습니다. 그는 형통한 자가 되었기 때문에 왕들이 바뀌어도 고위 관직에 있으면서 가까이서 왕을 섬길 수 있었습니다.

확대번역 성경에서는 "네가 좋은 성공을 거둘 것이다you shall have good success"라고 번역했는데 이처럼 세상에는 좋은 성공과 좋지 않은 성공이 있습니다. 좋지 않은 성공이란, 성공은 했지만 그로 인해 삶의 평안이 깨지고 다른 걱정거리가 생기는 경우를 말합니다. 그러나 하나님께서 주시는 성공은 이런 근심을 동반하지 않습니다. 그렇기 때문에 성경은 "좋은 성공"을 거둔다고 말씀하는 것입니다. 자신의 삶을 윤택하게 하고 아름답게 할 뿐만 아니라 다른 사람에게도 혜택이 돌아가는 복의 근원이 되는 삶이 바로 "좋은 성공"입니다.

번영의 사고방식Mindset을 장착하는 말씀 고백

시편 전체가 기도와 찬양의 가사들을 모은 것이지만 첫 시편은 시편을 어떻게 묵상해야 하며 그 유익이 무엇인지를 가르쳐 주는 머리글과 같습니다.

> 복 있는 사람은 악인들의 꾀를 따르지 아니하며 죄인들의 길에 서지 아니하며 오만한 자들의 자리에 앉지 아니하고 오직 여호와의 율법을 즐거워하여 그의 율법을 주야로 묵상하는도다 그는 시냇가에 심은 나무가 철을 따라 열매를 맺으며 그 잎사귀가 마르지 아니함 같으니 그가 하는 모든 일이 다 형통하리로다
>
> 시 1:1-3

무엇보다 먼저 1절에서는 세 번에 걸쳐서 세상적인 것을 거절하라고 했습니다. 여기서 말하는 '악인들'이란 세상적인 사람들을 뜻하며, 그들의 '꾀counsel'란 세상의 모략이나 전략, 방법, 상담을 따르지 말고, 모략의 영이신 성령님의 인도를 받으라는 의미인 것입니다. '죄인들의 길path'이란 죄인들의 방법을 따르지 말라는 것입니다. '오만한 자들의 자리seat'란 진지한 만남의 자리 즉 자신에게 영향을 끼치게 될 사람들을 선별하라는 말입

니다. 우리가 누군가와 친분을 갖게 되면 그와 자주 만나고 대화를 하며 많은 시간을 보내게 됩니다. 그러다 보면 알게 모르게 그 사람의 가치관과 태도의 영향을 받게 되고, 결국 내가 변하게 되어 그 사람과 같은 수준, 같은 위치에 처하게 되는 것이 인간관계입니다.

사람의 꾀와 방법을 따르지 않고, 하나님의 말씀을 읊조리는 것은 시냇가에 심겨진 나무가 물을 빨아들이는 것과 같습니다. 이렇게 사는 사람은 하나님의 뜻과 목적을 이루기에 부족함이 없는 지혜와 공급을 받는 형통한 삶을 살게 될 것입니다.

교회는 나무가 시냇가에 잘 뿌리를 내리도록 도와주는 곳입니다. 자녀들은 어린 시절부터 교회에 잘 정착해서 말씀에 뿌리를 내리고 성장하여 세상으로 보낼 다음 세대의 그리스도의 대사들입니다.

> 너희는 이 세대를 본받지 말고 오직 마음을 새롭게 함으로 변화를 받아 하나님의 선하시고 기뻐하시고 온전하신 뜻이 무엇인지 분별하도록 하라   롬 12:2

위 구절은 생각을 바꾸는 것에 관한 가장 대표적인 신약의 구절입니다. 앞서 시편 1:1에서 말한 '악인의 꾀를 따르지 아니하며,

죄인들의 길에 서지 아니하며, 오만한 자들의 자리에도 앉지 않는 것'은 '이 세대를 본받지 않는 것' 입니다. 그 대신 하나님의 선하시고 기뻐하시고 온전한 뜻을 계시하는 은혜의 말씀으로 우리의 마음을 새롭게 하는 것입니다. 이것이 번영의 기본 원리입니다. 밖에서 들어오는 세상적인 것들을 철저하게 거절하고 절제하며 진리의 말씀으로 마음을 새롭게 하여 지혜롭게 행하면 반드시 형통하게 됩니다.

그러므로 사도 요한도 성도를 축복할 때, "네 영혼soul이 잘됨같이 네가 범사에 잘 되고 강건하기를 내가 간구한다"고 했습니다(요삼 2). 대부분의 한글성경에서 '영혼'이라고 번역했는데, 대부분의 영어 번역 성경들처럼 '혼soul'이라고 번역해야 합니다. 혼이 잘되는 것은 곧 우리의 혼이 하나님의 마음을 가지고 하나님과 같이 생각하고 선택하는 것입니다. 그러면 모든 일이 잘되고, 몸도 건강하고 튼튼하게 된다는 것입니다. 하나님의 마음을 가지고 하나님의 생각과 지혜로 바른 선택을 하면 그가 하는 모든 일은 잘될 것입니다. 우리의 혼이 영의 영향을 받듯이 우리의 몸도 혼의 영향을 받습니다.

가장 지혜로웠던 솔로몬의 지혜와 성전 건축의 영광

다윗 왕의 아들이자 하나님으로부터 지혜를 받은 솔로몬의 삶에서 우리는 번영의 원리를 찾아볼 수 있습니다. 그는 아버지 다윗 왕으로부터 왕국을 기업으로 물려받았습니다(왕상 1장). 그리고 여호와를 사랑하여 아버지 다윗의 법도를 행하여 좋은 왕으로 평가되었습니다(왕상 3:3). 솔로몬이 일천번제를 드리자 그날 밤 하나님께서 그의 꿈에 나타나 원하는 것을 구하라고 하셨고, 그는 하나님께 지혜를 구했습니다(왕상 3:9-13).

지혜를 달라는 솔로몬에게 하나님께서는 지혜와 더불어 그가 구하지 않았던 부귀와 영광도 주셨습니다. 그는 그가 경험하고 받은 지혜를 전하는 좋은 책들을 썼는데, 그것이 바로 잠언, 전도서, 아가입니다. 이 세 편의 성경은 시편, 욥기와 더불어 지혜문서 혹은 시적형태로 표현되어 있어서 시가서라고 합니다. 욥기를 통해서는 사람이 겪는 고통의 문제를 어떻게 다룰지를, 시편을 통해서는 어떻게 하나님을 예배하며 기도하는지를 다루었습니다. 잠언을 통해서는 일상생활의 문제를 해결하는 지혜를, 전도서를 통해서는 진정한 가치를 추구하는 삶을, 아가를 통해서는 남녀의 사랑과 결혼 생활의 지혜를 가르쳐 주었습니다.

역사를 다룬 열왕기에는 솔로몬의 지혜와 영화가 실제로 얼마나 대단했는지를 잘 보여 주고 있습니다. 솔로몬 시대의 백성들과 그 나라 살림에 관한 모습을 볼 수 있습니다. 나라는 평화롭고 인구도 많이 증가하였고, 식량도 풍성하여 '먹고 마시며 즐거워하였다'고 기록되어 있습니다. 나라 안에서 모든 것이 자급자족될 뿐 아니라 주변 여러 나라들을 다스림으로써 조공까지 받았었습니다. 또 왕궁에서 매일 먹고 마시는 엄청난 양의 식량과 전쟁의 위험 없는 평화로운 시절이 묘사되어 있어서 당시 이스라엘의 영화를 짐작할 수 있습니다(왕상 4:20-34).

솔로몬 왕의 이러한 지혜와 영광의 소문을 듣고 주변 나라의 왕들이 감탄하였는데 대표적인 사람은 스바의 여왕이었습니다. 스바의 여왕은 솔로몬과의 대화를 통해 그의 지혜로움을 알아챘고, 그 건물의 웅장함에 압도되었으며, 신하들의 모습에서도 감동을 받았습니다(왕상 10:4-5). 이것은 하나님이 당대에 주신 번영의 극치를 표현한 모습이었습니다. 소유주뿐만 아니라 사용자들도 똑같이 번영의 열매를 누리는, 우리가 가끔 들을 수 있는 특별한 기업들이 바로 이런 성경의 이상을 현대의 자본주의 사회에서 실천하고 사는 예들입니다.

야곱과 요셉과 다윗의 삶에 나타난 번영의 원리

솔로몬 외에도 성경에는 수많은 형통한 사람들이 있습니다. 아브라함은 75세에 평생 살았던 곳을 떠나 가나안 땅에 살았지만 그는 거부가 되었습니다. 가나안의 네 왕이 연합하여 소돔과 고모라를 공략하여 재산을 빼앗아 갔을 때 조카 롯도 사로 잡혀 갔습니다. 그 소식을 듣고 아브라함은 집에서 길리고 훈련된 자 318명을 데리고 쫓아가서 재물과 조카를 되찾아 올 정도로 왕처럼 살았습니다(창 14장). 이삭은 아버지의 재산을 물려받았을 뿐만 아니라 흉년에도 백배의 수확을 하며 번영하였습니다. 야곱과 요셉과 다윗의 삶은 좀 더 자세하게 기록되어 있어서 번영의 원리를 배우기 좋습니다.

야곱은 품삯을 열 번이나 속였던 삼촌 라반 밑에서 일하면서도 번영하였습니다. 그는 튼튼한 양과 약한 양을 구분할 줄 알았고, 어떻게 해야 새끼를 잘 낳게 하는지도 알았습니다. 삼촌과의 계약기간 동안 자신이 소유한 가축의 수가 이미 삼촌의 것을 능가했습니다. 오랫동안 삼촌의 양을 치며 터득한 목양의 원리는 그에게 엄청난 번영을 가져다주었습니다. 어려운 환경을 탓하지 않고 하나님이 주시는 지혜와 자신의 실력으로 가축을 번식시켜 번영하였습니다. 야곱은 무엇보다도 부지런하고 책임감이 강한 목자였습니다. 야곱을 처음 본 라반이 자기의 사랑하는 딸을 아내로 허락할 만큼 탐나는 청년이었습니다. 실제로 그는 아내를 사랑하는 열정이 특별했으며 무엇보다도 최고의 목자였습니다. 라반의 허락 없이 도망가다가 추적당하여 만나게 되었을 때 야곱이 한 말이 그 증거입니다.

> 내가 이 이십 년을 외삼촌과 함께 하였거니와 외삼촌의 암양들이나 암염소들이 낙태하지 아니하였고 또 외삼촌의 양 떼의 숫양을 내가 먹지 아니하였으며 물려 찢긴 것은 내가 외삼촌에게로 가져가지 아니하고 낮에 도둑을 맞았든지 밤에 도둑을 맞았든지 외삼촌이 그것을 내 손에서 찾았으므로 내가 스스로 그것을 보충하였으며 내가 이와 같이 낮에는 더위와 밤에는 추위를 무릅쓰고 눈 붙일 겨를도 없이 지냈나이다
>
> 창 31:38-40

이렇게 충성된 일꾼은 어떤 주인도 잃고 싶지 않을 것입니다. 이런 환경에서도 야곱은 삼촌과의 계약을 통하여 자신이 발견한 번식의 법칙을 믿음으로 적용하여 부자가 되었습니다. 하나님은 꿈을 통해 그에게 계시하여 주셨고 그는 그 계시를 믿음으로 적용하여 자신의 양 떼를 번식시켰습니다. 뿐만 아니라 하나님은

그를 추적하는 라반에게 나타나셔서 책망하심으로써 야곱을 보호해 주셨습니다.

> 우리 아버지의 하나님, 아브라함의 하나님 곧 이삭이 경외하는 이가 나와 함께 계시지 아니하셨더라면 외삼촌께서 이제 나를 빈손으로 돌려보내셨으리이다마는 하나님이 내 고난과 내 손의 수고를 보시고 어제 밤에 외삼촌을 책망하셨나이다
>
> 창 31:42

야곱은 잠언에 나타난 목양의 원리대로 실천한 부지런하고 지혜로운 목자였습니다. 그는 어떻게 불리한 환경 속에서도 하나님의 축복에 대한 믿음과 하나님이 주시는 지혜로 번영할 수 있는지 본을 보여 주었습니다.

> 네 양 떼의 형편을 부지런히 살피며 네 소 떼에게 마음을 두라 대저 재물은 영원히 있지 못하나니 면류관이 어찌 대대에 있으랴 풀을 벤 후에는 새로 움이 돋나니 산에서 꼴을 거둘 것이니라 어린 양의 털은 네 옷이 되며 염소는 밭을 사는 값이 되며 염소의 젖은 넉넉하여 너와 네 집의 음식이 되며 네 여종의 먹을 것이 되느니라
>
> 잠 27:23-27

야곱의 아들 요셉은 꿈꾸는 자였습니다. 그는 자신이 꾼 꿈을 잊지 않고 늘 하나님을 의식하며 살았습니다. 하나님을 경외하는 그의 태도는 다른 사람들과 구별되었고, 하나님은 그에게 지혜를 부어 주셨습니다. 그는 자기가 꾼 꿈을 믿음 없는 형제들에게 미리 말하여 형제들의 시기를 받았습니다. 아버지가 없는 곳에서 나쁜 짓을 하는 형제들을 보고 함께 하지 않아서 형제들의 미움을 받았습니다. 형제들이 그를 죽이려다가 지나가는 상인들에게 노예로 팔아서 그는 이집트 왕의 친위대장 보디발의 종이 되었습니다. 성경은 "하나님이 요셉과 함께 하시므로 그가 형통한 자가 되었으며"(창 39:2), "그의 주인이 여호와께서 그와 함께 하심을 보며 또 여호와께서 그의 범사에 형통하게 하심을 보았다"(창 39:3)고 하였습니다. 그는 주인에게 은혜를 입어 마침내 가정 총무가 되어 주인의 모든 소유를 관리하는 소위 전문경영인이 되었습니다. 그의 형통의 비밀은 무엇보다도 하나님이 함께 하신 것이었습니다. 그가 주인의 아내의 집요한 유혹을 거절하며 한 말은 그가 얼마나 하나님과 사람 앞에서 정직하고 성실하며 구별된 삶을 살려고 했는지를 나타내고 있습니다.

요셉이 거절하며 자기 주인의 아내에게 이르되 내 주인이 집안의 모든 소유를 간섭하지 아니하고 다 내 손에 위탁하였으니 이 집에는 나보다 큰 이가 없으며 주인이 아무것도 내게 금하지 아니하였어도 금한 것은 당신뿐이니 당신은 그의 아내임이라 그런즉 내가 어찌 이 큰 악을 행하여 하나님께 죄를 지으리이까 여인이 날마다 요셉에게 청하였으나 요셉이 듣지 아니하여 동침하지 아니할 뿐더러 함께 있지도 아니하니라 창 39:8-10

주인의 아내의 청을 거절하여 억울하게 감옥에 갇힌 죄수가 되었어도 하나님은 "간수장에게 은혜를 받게 하셔서" 간수장이 옥중 죄수를 다 요셉의 손에 맡겨 그 제반 사무를 요셉이 처리하였다고 하였습니다.

간수장은 그의 손에 맡긴 것을 무엇이든지 살펴보지 아니하였으니 이는 여호와께서 요셉과 함께 하심이라 여호와께서 그를 범사에 형통하게 하셨더라 창 39:23

마침내 그의 지혜는 왕 앞에서도 인정을 받아 이집트의 총리가 되었습니다. 총리가 되어서도 나라를 잘 경영하여 풍년이 드는 칠 년 동안 잘 예비하여 다가오는 흉년 칠 년을 대비하였습니다.

그는 결국 자신을 미워하여 종으로 팔았던 형제들과 아버지의 모든 가족을 이집트로 올 수 있도록 하였습니다. 이로 인하여 기근만 피한 것이 아니라 사백 년 후에 큰 민족으로 번영하는 기초를 닦았습니다.

다윗에 관한 성경 말씀은 사무엘상하에 잘 기록되어 있고, 그가 부른 찬양과 기도는 시편에 보존되어 있습니다. 시편 78:72에는 그의 형통의 비밀 두 가지를 언급하였습니다.

> 또 그의 종 다윗을 택하시되 양의 우리에서 취하시며 젖 양을 지키는 중에서 그들을 이끌어 내사 그의 백성인 야곱, 그의 소유인 이스라엘을 기르게 하셨더니 이에 그가 그들을 자기 마음의 완전함으로 기르고 그의 손의 능숙함으로 그들을 지도하였도다
>
> 시 78:70-72

마음의 완전함the integrity of his heart이란, 심령의 중심이 하나님께 인정받은 것을 뜻합니다. 다윗은 마음이 완전한 사람, 즉 중심이 하나님께 인정을 받은 사람이었습니다. 그는 하나님 앞에서 정직하였으며 하나님을 사랑하고 사모하는 열정이 남달랐습니다. 아버지의 양떼를 돌보며 홀로 들에서 하나님을 찬양하는 것을 즐겼던 그는 악기를 잘 연주하여 사울 왕을

괴롭히던 악신을 쫓아내기도 했습니다(삼상 16장). 또한 그는 손의 능숙함the skillfulness of his hands으로 그에게 맡겨진 모든 일을 성공적으로 완수했습니다. 무릿매와 돌멩이를 사용하여 맹수로부터 아버지의 양을 지켰던 실력으로 마침내 골리앗과 싸워 이김으로써 사울 왕의 신임을 받게 되었습니다(삼상 17장). 이런 손의 능숙함은 하루아침에 이루어진 것은 아니었습니다. 요셉과 다윗은 모두 하나님을 경외하고 자기 일에 능숙하여 왕 앞에 서게 된 형통하는 사람의 본이 되었습니다.

> 네가 자기의 일에 능숙한 사람을 보았느냐 이러한 사람은 왕 앞에 설 것이요 천한 자 앞에 서지 아니하리라　　잠 22:29

심고 거두는 법칙을 통한 번식Multiplication

> 땅이 있을 동안에는 심음과 거둠과 추위와 더위와 여름과 겨울과 낮과 밤이 쉬지 아니하리라　　창 8:22

> 악인은 불의의 이익을 탐하나 의인은 그 뿌리로 말미암아 결실하느니라　　잠 12:12

스스로 속이지 말라 하나님은 업신여김을 받지 아니하시나니 사람이 무엇으로 심든지 그대로 거두리라 자기의 육체를 위하여 심는 자는 육체로부터 썩어질 것을 거두고 성령을 위하여 심는 자는 성령으로부터 영생을 거두리라 갈 6:7-8

씨앗을 심고 열매를 거두는 것Sowing and Reaping은 생명체의 번식의 원리입니다. 적당한 시기에 씨앗을 심고, 적당한 시기에 그 열매를 거두는 것은 모든 살아있는 것들의 생명의 원리입니다. 심고 거두는 원리는 영적인 세계에도 마찬가지입니다.

선지자들을 통해 나타난 초자연적인 물질의 번식

여호와의 말씀이 엘리야에게 임하여 이르시되 너는 일어나 시돈에 속한 사르밧으로 가서 거기 머물라 내가 그 곳 과부에게 명령하여 네게 음식을 주게 하였느니라 그가 일어나 사르밧으로 가서 성문에 이를 때에 한 과부가 그 곳에서 나뭇가지를 줍는지라 이에 불러 이르되 청하건대 그릇에 물을 조금 가져다가 내가 마시게 하라 그가 이르되 당신의 하나님 여호와께서 살아 계심을 두고 맹세하노니 나는 떡이 없고 다만 통에 가루 한 움큼과 병에

> 기름 조금 뿐이라 내가 나뭇가지 둘을 주워다가 나와 내 아들을 위하여 음식을 만들어 먹고 그 후에는 죽으리라 엘리야가 그에게 이르되 두려워하지 말고 가서 네 말대로 하려니와 먼저 그것으로 나를 위하여 작은 떡 한 개를 만들어 내게로 가져오고 그 후에 너와 네 아들을 위하여 만들라 이스라엘의 하나님 여호와의 말씀이 나 여호와가 비를 지면에 내리는 날까지 그 통의 가루가 떨어지지 아니하고 그 병의 기름이 없어지지 아니하리라 하셨느니라 그가 가서 엘리야의 말대로 하였더니 그와 엘리야와 그의 식구가 여러 날 먹었으나 여호와께서 엘리야를 통하여 하신 말씀 같이 통의 가루가 떨어지지 아니하고 병의 기름이 없어지지 아니하니라
>
> 왕상 17:8-16

사르밧의 한 과부를 통해 엘리야에게 음식을 주게 하는 것이 하나님의 계획이었습니다. 그는 사르밧으로 가서 떡이 없고 다만 통에 가루 한 웅큼과 병에 기름 조금 뿐이란 과부의 말을 들었습니다. 그뿐 아니라 그녀는 아들과 함께 마지막 음식을 먹고 그 후에는 죽으리라고 말했습니다. 그러나 엘리야는 하나님의 계획을 알고 있었으므로 그녀의 부정적인 고백을 받아들이지 않았습니다. 엘리야는 하나님의 말씀을 믿고 부족한 현실을 받아들이지 않고 공급하실 하나님을 신뢰했습니다. 그는 번영의

법칙이 역사할 수 있도록 가지고 있는 것으로 떡을 만들어 먼저 자신에게 주고 그 후에 그들도 먹으라고 하면서 하나님의 말씀을 전했습니다. 가지고 있는 것으로 엘리야에게 먼저 주는 행위는 번영의 원리입니다. "나 여호와가 비를 지면에 내리는 날까지 그 통이 가루가 떨어지지 아니하고 그 병의 기름이 없어지지 아니하리라" 엘리야는 여호와의 말씀을 믿음으로 전했습니다. 그녀가 엘리야의 말대로 하였을 때 하나님의 뜻대로 통의 가루와 병의 기름은 없어지지 아니하였습니다.

> 선지자의 제자들의 아내 중의 한 여인이 엘리사에게 부르짖어 이르되 당신의 종 나의 남편이 이미 죽었는데 당신의 종이 여호와를 경외한 줄은 당신이 아시는 바니이다 이제 빚 준 사람이 와서 나의 두 아이를 데려가 그의 종을 삼고자 하나이다 하니 엘리사가 그에게 이르되 내가 너를 위하여 어떻게 하랴 네 집에 무엇이 있는지 내게 말하라 그가 이르되 계집종의 집에 기름 한 그릇 외에는 아무것도 없나이다 하니 이르되 너는 밖에 나가서 모든 이웃에게 그릇을 빌리라 빈 그릇을 빌리되 조금 빌리지 말고 너는 네 두 아들과 함께 들어가서 문을 닫고 그 모든 그릇에 기름을 부어서 차는 대로 옮겨 놓으라 하니라 여인이 물러가서 그의 두 아들과 함께 문을 닫은 후에 그들은

> 그릇을 그에게로 가져오고 그는 부었더니 그릇에 다 찬지라 여인이 아들에게 이르되 또 그릇을 내게로 가져오라 하니 아들이 이르되 다른 그릇이 없나이다 하니 기름이 곧 그쳤더라 그 여인이 하나님의 사람에게 나아가서 말하니 그가 이르되 너는 가서 기름을 팔아 빚을 갚고 남은 것으로 너와 네 두 아들이 생활하라 하였더라 왕하 4:1-7

빚을 갚지 못해서 두 아이가 종으로 끌려가게 된 선지자의 제자의 한 아내가 엘리사를 찾아와 자신의 암담한 현실을 하소연했을 때 엘리사는 "내가 너를 위해 어떻게 하랴?"라고 기꺼이 응답했습니다. 엘리사는 하나님의 뜻을 따라 부정적인 현실과 그녀의 부정적인 말에 조금도 흔들리지 않았습니다. 엘리사는 집에 무엇이 있는지 물어보았습니다. 그녀는 "집에 기름 한 그릇 외에는 아무것도 없나이다"라고 말했습니다. 그러나 엘리사는 하나님의 공급을 믿었으므로 빈 그릇을 준비하도록 했습니다. 그릇을 빌리되 조금 빌리지 말라고 했습니다. 그 후에는 문을 닫고 그 모든 그릇에 기름을 부으라고 했습니다. 문을 닫는 것은 하나님을 공급자로 바라보는 것입니다. 그녀가 기름을 붓기 시작하자 이웃에게서 빌려온 빈 그릇을 다 채우도록 기름이 나왔습니다. 그러나 어머니가 또 그릇을 가져오라고 했을 때

"다른 그릇이 없나이다"라는 아들의 말 한마디에 기름은 더 이상 나오지 않았습니다. 그들의 믿음의 크기만큼 기름이 나왔습니다. 결국 그녀는 그 기름을 팔아서 빚을 갚고 두 아들과 함께 생활함으로 하나님의 뜻이 이루어졌습니다.

> 한 사람이 바알 살리사에서부터 와서 처음 만든 떡 곧 보리떡 이십 개와 또 자루에 담은 채소를 하나님의 사람에게 드린지라 그가 이르되 무리에게 주어 먹게 하라 그 사환이 이르되 내가 이 것을 백 명에게 주겠나이까 하나 엘리사는 또 이르되 무리에게 주어 먹게 하라 여호와의 말씀이 그들이 먹고 남으리라 하셨느니라 그가 그들 앞에 주었더니 여호와께서 말씀하신 대로 먹고 남았더라   왕하 4:42-44

엘리사는 자기가 받은 보리떡 이십 개와 자루에 담은 채소로 큰 무리를 먹이는 것이 하나님의 뜻임을 알았습니다. 부정적인 말을 하는 사환의 말을 거절하고 엘리사는 여전히 단호하게 말합니다. "무리에게 주어 먹게 하라." 부족한 음식을 바라보지 않고 공급하시는 하나님을 바라보며 그는 하나님의 말씀을 선포했습니다. "여호와의 말씀이 그들이 먹고 남으리라 하셨느니라." 그가 그들에게 주었더니 말씀대로 먹고 남았습니다. 하나님의 뜻이 이루어졌습니다. 하나님의 뜻은 환경과 관계없이 그들을 넉넉히 먹이고도 남는 것이었습니다.

예수님을 통해 나타난 초자연적인 물질의 번식

떡 다섯 개와 물고기 두 마리로 오천 명 이상을 배불리 먹이셨던 기적은 사복음서에 모두 기록되어 있습니다. 특별한 초자연적인 기적이었지만 그 과정은 너무나 단순하며 나타난 원리도 분명합니다.

> 제자들이 이렇게 하여 다 앉힌 후 예수께서 떡 다섯 개와 물고기 두 마리를 가지사 하늘을 우러러 축사하시고 떼어 제자들에게 주어 무리에게 나누어 주게 하시니 먹고 다 배불렀더라 그 남은 조각을 열두 바구니에 거두니라   눅 9:15-17
> And He took the five loaves and the two fishes, and looking up to heaven, He blessed them, and broke them, and kept giving them to the disciples to set before the multitude [NAS]

제자들은 무리를 보내 촌과 마을로 가서 무엇을 사 먹게 하시라고 권했지만 예수님은 "너희가 먹을 것을 주라"고 하셨습니다. 날도 저물어 가는 빈들에서 주님의 말씀을 듣던 무리를 먹이는 것이 주님의 뜻이었습니다. 제자들은 이 말을 듣고 "이백 데나리온의 떡을 사 먹이리이까?"라고 하며 부족함만 인식하고 그런 큰돈이 어디 있느냐고 말한 것이었습니다. 이백 데나리온은 그 당시 근로자의 일 년 연봉입니다. 그러나 주님은 여전히 "너희에게 떡 몇 개나 있는지 가서 보라"고 하시면서 가지고 있는 것을 주목하셨습니다. 제자들이 "떡 다섯 개와 물고기 두 마리가 있더이다"라고 하자 주님은 즉시 그 모든 사람으로 떼를 지어 푸른 잔디 위에 앉게 하셨습니다. 즉 바로 풍족한 음식을 공급하실 하나님의 뜻을 믿고 먹을 준비를 하도록 하신 것입니다. 주님은 드디어 받은 떡 다섯 개와 물고기 두 마리를 가지고 하늘을 우러러 축사하시고 떡을 떼어 제자들에게 나누어 주어 사람들에게 나누어 주도록 하셨습니다. 다 배불리 먹고 남은 것을 열두 바구니에 차게 거두었습니다. 그들이 무리에게 먹을 것을 주도록 하는 하나님의 뜻은 이렇게 이루어졌습니다.

위의 네 가지 경우를 통해 공급하시는 하나님께서 어떻게 물질의 부족함을 채우시고 넘치도록 공급하시는지를 볼 수 있습니다. 각각 상황은 조금씩 다르게 묘사되어 있지만 공통되는 몇 가지 번영의 법칙이 있습니다.

첫째, 선지자나 예수님은 눈에 보이는 자연적인 환경 즉 물질의 부족함을 인식하지 않고 번식시켜 넉넉히 공급하시는 하나님을 믿고 먼저 말했습니다.

둘째, 부족함을 인식하는 사람들이 하는 두려움이나 믿음 없는 말에 조금도 개의치 않고 하나님의 공급하심만을 바라보고 말했습니다.

셋째, 현재 가지고 있는 것을 사용하였습니다.

넷째, 하나님만을 공급의 근원으로 바라보았습니다.

다섯째, 번식할 것을 믿고 받을 준비를 하도록 하였습니다.

여섯째, 번식의 법칙은 먼저 나누어 줄 때 작용하기 시작합니다.

일곱째, 번식은 무한하지만 오직 받는 사람이 준비한 믿음의 그릇만큼만 역사합니다.

심고 거두는 법칙

남에게 대접을 받고자 하는 대로 너희도 남을 대접하라 너희가 만일 너희를 사랑하는 자만을 사랑하면 칭찬받을 것이 무엇이냐 죄인들도 사랑하는 자는 사랑하느니라 너희가 만일 선대하는 자만을 선대하면 칭찬받을 것이 무엇이냐 죄인들도 이렇게 하느니라 너희가 받기를 바라고 사람들에게 꾸어 주면 칭찬 받을 것이 무엇이냐 죄인들도 그만큼 받고자 하여 죄인에게 꾸어 주느니라 오직 너희는 원수를 사랑하고 선대하며 아무 것도 바라지 말고 꾸어 주라 그리하면 너희 상이 클 것이요 또 지극히 높으신 이의 아들이 되리니 그는 은혜를 모르는 자와 악한 자에게도 인자하시니라   눅 6:31-35

남에게 대접받고자 하는 대로 너희도 남을 대접하라고 하신 주님의 말씀은 황금률로 잘 알려져 있습니다. 35절의 말씀에 '주다' 라는 말을 붙여보면 뜻이 좀 더 분명해 집니다. '너희 원수를 사랑하여 주며', '너희를 미워하는 자를 선대해 주며', '너희를 저주하는 자를 위하여 축복해 주고', '너희를 모욕하는 자를 위해 기도해 주라.'

다른 사람으로부터 받을 것을 기대하며 주는 것은 세상 사람들이 살아가는 "주고받는 원리give and take"지만, 그리스도인은 "심고 거두는 원리sowing and reaping"를 따라 살라고 하셨습니다. 사람들에게 받을 것을 기대하지 않고 오직 받는 사람의 유익을 위해서 아낌없이 베풀 때 우리에게는 이를 보상해 주시는 하나님 아버지가 계십니다. 이런 사랑의 표현은 우리가 하나님의 자녀임을 입증하는 것입니다. 즉 "지극히 높으신 이의 아들이 될 것"이라고 하셨습니다. 우리는 하나님의 자녀이기 때문에 하나님의 성품을 나타내며 가르침을 따라 삽니다. 거듭날 때 우리는 하나님의 생명을 받았고, 성령을 받을 때 하나님의 사랑의 능력을 받았습니다. 사랑은 아낌없이 베풀고 주는 것입니다.

주라, 그리하면 너희가 받으리니 사람들이 후히 되어 꼭꼭 누르고 잘 흔들어 넘치게 하여 너희 품에 안겨 주리라 이는 너희가 남에게 되어 주는 그 말로 너희가 되어 받게 될 것이기 때문이라

눅 6:38 한글킹제임스

Give, and it shall be given unto you; good measure, pressed down, and shaken together, and running over, shall men give into your bosom. For with the same measure that ye mete withal it shall be measured to you again [KJV]

킹제임스 성경은 "사람들이 너희 품에 안겨줄 것이다"라고 번역하였습니다. 즉 우리가 다른 사람에게 심은 것은 다시 다른 사람들을 통해 우리에게 되돌아온다는 것입니다. 성령의 감동을 따라 사랑으로 베풀 때, 하나님이 사람들을 통하여 다양한 통로로 우리에게 보상해 주시겠다는 약속입니다. 아무도 하나님께 받지 않은 것을 드리거나 받은 것보다 더 많이 드릴 수 없습니다. 주님은 우리를 위하여 목숨을 내어 주셨으며, 사도 바울은 교회를 위하여 자신의 삶과 목숨까지 내어 놓았습니다.

> 범사에 여러분에게 모본을 보여준 바와 같이 수고하여 약한 사람들을 돕고 또 주 예수께서 친히 말씀하신 바 주는 것이 받는 것보다 복이 있다 하심을 기억하여야 할지니라   행 20:35

우리가 심어야 할 밭

1. 주님의 교회

예수께서 이르시되 가만 두라 너희가 어찌하여 그를 괴롭게 하느냐 그가 내게 좋은 일을 하였느니라 가난한 자들은 항상 너희와 함께 있으니 아무 때라도 원하는 대로 도울 수 있거니와 나는 너희와 항상 함께 있지 아니하리라 그는 힘을 다하여 내 몸에 향유를 부어 내 장례를 미리 준비하였느니라 내가 진실로 너희에게 이르노니 온 천하에 어디서든지 복음이 전파되는 곳에는 이 여자가 행한 일도 말하여 그를 기억하리라 하시니라   막 14:6-9

  복음은 예수 그리스도께서 우리를 구원하려고 우리 대신 자신의 목숨을 내어 놓으셨다는 소식입니다. 예수님을 통해 사랑을 알고 성령을 받음으로 하나님의 사랑의 능력을 받으면 우리도 주님처럼 사랑할 수 있습니다. 마리아는 주님의 사랑을 받고 주님께 대한 사랑을 이렇게 표현하였습니다. 그녀의 아낌없는 사랑의 표현은 예수님을 감동시켰습니다. 주님은 "온 천하에 어디서든지 이 복음이 전파되는 곳에서는 이 여자가 행한 일도 말하여 그를 기억하리라"는 말로 그녀를 축복하셨습니다. 요한복음 12장 4절에서는 그 향유를 삼백 데나리온에 팔아 가난한 자들에게 주지 않았다며 비난한 사람이 유다임을 밝히고 있습니다. 성경은 그가 궤에서 돈을 훔치는 도둑이었다고 했습니다. 그는 자신은 그럴 마음도 없으면서 마리아를 자신의 생각대로 판단하였습니다. '저렇게 비싼 것을 살 바에야 차라리 그 돈으로 불쌍한 사람들을 돕겠다.' 이는 종교적인 우월감으로 포장된 이기적인 마음에서 나온 말입니다. 당사자의 상황과 마음은 헤아리지 않고, 실제로 자신은 그렇게 하지 못하면서 남을 판단하는 이기적이고 인색한 마음인 것입니다. 마리아의 중심에는 주님에 대한 사랑이 있었고, 유다의 중심에는 일만 악의 뿌리라고 하는 돈을 사랑하는 불순한 동기가 있었습니다.

2. 가난한 자들

흩어 구제하여도 더욱 부하게 되는 일이 있나니 과도히 아껴도 가난하게 될 뿐이니라 구제를 좋아하는 자는 풍족하여질 것이요 남을 윤택하게 하는 자는 자기도 윤택하여지리라 곡식을 내놓지 아니하는 자는 백성에게 저주를 받을 것이나 파는 자는 그의 머리에 복이 임하리라   잠 11:24-26

가난한 자를 불쌍히 여기는 것은 여호와께 꾸어 드리는 것이니 그의 선행을 그에게 갚아 주시리라   잠 19:17

너는 네 떡을 물 위에 던져라 여러 날 후에 도로 찾으리라
전 11:1

내가 다른 사람을 위해 나누는 모든 것이 심는 것입니다. 모든 심는 행위에는 그 열매가 있습니다. 하나님께서는 우리가 심은 씨앗에 대해서는 반드시 열매를 주실 것을 약속하셨습니다. 하나님은 그분이 정하신 때에 그분의 방법으로 우리가 열매를 거두게 하십니다. 우리에게 맡겨주신 시간, 재능, 사랑, 물건, 재물이나 돈으로 남을 섬김으로써 우리는 사람들에게 심을 수 있습니다.

마태복음 25장은 양의 족속과 염소의 족속을 구별하여 그들의 행위에 따라 심판하시는 것을 보여 줍니다. 이 말씀을 통해 주님은 우리가 언제 어떤 사람에게 베풀고 심어야 하는지 분명히 보여주십니다. 모든 사람들은 어떤 핑계도 댈 수 없는 베풀고 나눌 수 있는 충분한 기회를 가지고 있습니다.

인자가 자기 영광으로 모든 천사와 함께 올 때에 자기 영광의 보좌에 앉으리니 모든 민족을 그 앞에 모으고 각각 구분하기를 목자가 양과 염소를 구분하는 것 같이 하여 양은 그 오른편에 염소는 왼편에 두리라 그 때에 임금이 그 오른편에 있는 자들에게 이르시되 내 아버지께 복 받을 자들이여 나아와 창세로부터 너희를 위하여 예비된 나라를 상속받으라 내가 주릴 때에 너희가 먹을 것을 주었고 목마를 때에 마시게 하였고 나그네 되었을 때에 영접하였고 헐벗었을 때에 옷을 입혔고 병들었을 때에 돌보았고 옥에 갇혔을 때에 와서 보았느니라 이에 의인들이 대답하여 이르되 주여 우리가 어느 때에 주께서 주리신 것을 보고 음식을 대접하였으며 목마르신 것을 보고 마시게 하였나이까 어느 때에 나그네 되신 것을 보고 영접하였으며 헐벗으신 것을 보고 옷 입혔나이까 어느 때에 병드신 것이나 옥에 갇히신 것을 보고 가서 뵈었나이까 하리니 임금이 대답하여 이르시되 내가 진실로 너희에게 이르노니 너희가 여기 내 형제 중에 지극히 작은 자 하나에게 한 것이 곧 내게 한 것이니라 하시고 또 왼편에 있는 자들에게 이르시되 저주를 받은 자들아 나를 떠나 마귀와 그 사자들을 위하여 예비된 영원한 불에 들어가라 내가 주릴 때에 너희가 먹을 것을 주지 아니하였고 목마를 때에 마시게 하지 아니하였고 나그네 되었을 때에 영접하지 아니하였고 헐벗었을 때에 옷 입히지 아니하였고 병들었을 때와 옥에 갇혔을 때에 돌보지 아니하였느니라 하시니 그들도 대답하여 이르되 주여 우리가 어느 때에 주께서 주리신 것이나 목마르신 것이나 나그네 되신 것이나 헐벗으신 것이나 병드신 것이나 옥에 갇히신 것을 보고 공양하지 아니하더이까 이에 임금이 대답하여 이르시되 내가 진실로 너희에게 이르노니 이 지극히 작은 자 하나에게 하지 아니한 것이 곧 내게 하지 아니한 것이니라 하시리니 그들은 영벌에, 의인들은 영생에 들어가리라 하시니라   마 25:31-46

3. 말씀을 가르치는 자들과 믿음의 가정들

> 가르침을 받는 자는 말씀을 가르치는 자와 모든 좋은 것을 함께 하라 스스로 속이지 말라 하나님은 업신여김을 받지 아니하시나니 사람이 무엇으로 심든지 그대로 거두리라 자기의 육체를 위하여 심는 자는 육체로부터 썩어질 것을 거두고 성령을 위하여 심는 자는 성령으로부터 영생을 거두리라 우리가 선을 행하되 낙심하지 말지니 포기하지 아니하면 때가 이르매 거두리라 그러므로 우리는 기회 있는 대로 모든 이에게 착한 일을 하되 더욱 믿음의 가정들에게 할지니라   갈 6:6-10

가르침을 받는 자가 말씀을 가르치는 자와 모든 좋은 것을 함께 하는 것은 재정적 번영을 위한 중요한 열쇠입니다. 교회는 복음을 전하는 선교사나 제자 삼는 제자를 통해 교회를 세우는 사람들을 귀하게 여겨야 합니다. 교회에서는 선교사님들이 방문하여 선교 보고를 하거나 순회 사역자들을 초청하여 집회를 하는 경우가 종종 있습니다. 이런 기회는 누구나 성령의 감동을 따라서 선교헌금을 새롭게 작정하거나 준비한 헌금을 드릴 수 있는 좋은 기회입니다. 교회의 초청을 받아 집회를 하는 사역자들에 대해서도 마찬가지입니다. 그들이 우리 교회보다 넉넉하지 못한 교회나 선교지에 가서 섬길 수 있도록 넉넉한 사례비를 드려야합니다. 그 외에도 여러 가지 재정적인 필요가 있는 곳에 헌금을 드림으로써 재물이 있는 곳에 마음이 있다고 하신 말씀대로 관심과 사랑을 표현할 수 있습니다. 이런 헌금은 누구나 믿음과 사랑으로 감동을 받은 사람들이 자발적으로 기쁨으로 참여할 수 있도록 해야 합니다. 교회에서는 헌금의 목적과 용도와 예산을 알리고 누구나 자원하는 사람이 원하는 만큼 헌금을 작정하고 드리도록 하면 좋습니다. 이런 기회는 드리는 사람들이 자신의 믿음 수준을 향상시키고 하나님의 나라에 심음으로 말미암아 하나님이 맺게 하시는 많은 열매를 맛보는 축복을 누릴 수 있게 합니다.

Still Doing the Impossible

Oral Roberts

오랄 로버츠(1918-2009) 목사님은 치유사역자로서뿐 아니라 "씨앗 믿음seed-faith"이라는 이름으로 자신이 배운 믿음으로 사는 삶의 원리를 가르쳤습니다. 씨앗 믿음이란 농부가 씨앗을 심듯이, 누구든지 믿음으로 헌금의 씨앗을 심으면 반드시 놀라운 기적의 열매를 맺게 된다는 말입니다. 실제로 그는 자신의 사역에 이 원리를 적용해서 많은 열매를 거두었습니다.

그는 처음 목회를 시작하며 목사관이 준비되지 않은 상태에서 한 집사님 집에서 자기 가족과 함께 살 때 깨닫게 된 사건을 자서전에서 이렇게 소개하고 있습니다.

"씨앗 믿음 Seed-faith"

치유 사역자 오랄 로버츠 목사의 이야기[9]

가족이 이사를 가야 한다는 사실을 알게 된 후, 에블린은 내게 이렇게 말했다.

"오랄, 만일 당신이 살 집을 마련하지 못한다면, 우리는 친정으로 가겠어요."(처갓집은 2층 집에서 살고 있었다.)

"에블린, 어떻게 그럴 수가!"

"어디 두고 보라고요!"

그 주 수요일에 있던 기도 모임에 에블린이 갈 수 없었기 때문에, 나는 혼자 가서 설교를 했다. 믿을 수 있겠는가! 그 날 나는 기름 부음을 받았다! 나는 마치 전혀 새로운 세상에서 온 사람처럼 설교를 했다! 말씀을 전하며 나는 내가 처한 상황에 대해서도 나누었다. 설교를 마칠 무렵, 주님께서는 내 영에게 말씀하셨다.

---

[9] Oral Roberts(2002), "Still Doing the Impossible", p. 186-188, Destiny Image, "Seed-faith"

"너의 주급을 헌금으로 드려 목사관을 위한 준비금을 시작하도록 하라." 마치 내 위장이 뒤틀리는 듯 했다.

나는 주당 55불을 받고 있었다. 너무도 관대한 가족과 살고 있는 덕분에 우리는 식료품과 검소한 목사로서의 의복을 사고, 학교 등록금을 낼 수 있었다. 그것도 목회를 하는 학생에게 주는 특별 할인이 있었기에 가능한 일이었다. 오래된 내 차는 거의 달릴 수 없는 상태였기 때문에, 나는 버스를 타야만 했다. 매일 학교에 가는 날이면 왕복 40센트가 들어갔다.

이러한 모든 것을 무릅쓰고, 나는 순종함으로 지난 주에 받은 55달러짜리 수표를 꺼내 제단 위에 올려놓았다.

"여러분, 주님께서는 제 주급을 헌금으로 드려 목사관을 위한 착수금을 시작하라고 말씀하십니다. 이것은 저뿐만 아니라 제 뒤에 오게 될 목사님들을 위한 것이기도 합니다." 나는 볼 수 없는 것을 보았고, 이제 불가능을 행할 준비가 되어 있었다.

그러고는 이렇게 말했다.

"어느 분께서 함께 참여하시겠습니까?"

놀랍게도, 함께하고 있던 모든 사람들이 앞으로 나와

제단에 돈을 올려놓았다. 우리는 함께 그것을 세어 보았고 계약금으로 충분한 돈임을 확인할 수 있었다.

내가 함께 살고 있는 형제의 집에 도착했을 때, 에블린은 예배가 어떠했는지 물었다. 나는 "좋았어요."라고 대답했다.

"목사관을 위한 준비금을 위해 헌금을 좀 했지. 당신과 아이들은 친정으로 갈 필요가 없어요."

"얼마나 드렸어요?"

"내가 할 수 있는 최대한 드렸지."

"얼마를 드렸냐고요!"

내가 대답을 하자 에블린은 이렇게 말했다.

"오랄! 그럼 아이들을 데리고 다음 주까지 어떻게 살란 말이에요?"

"하지만 여보, 주님께서는 내게 그 주급을 모두 드리라고 말씀하셨단 말이오. 그것 때문에 사람들이 기꺼이 헌금을 할 수 있게 되었고 계약금도 마련한 거란 말이오."

겨울이었고, 나는 추운 침실에서 잠을 자야만 했다. 나는 혼자 '아내와 나 사이에 트럭이라도 지나갈 수 있겠다'라고 생각했다. 그리고 다음으로 '어떻게 해야 할 것인가'라는 생각이 들었다.

새벽 4시 누군가 시끄럽게 현관문을 두드리는 소리에 잠을 깨고 말았다. 문을 열자, 교인인 아트 뉴필드가 서 있었다. 그가 말했다.

"목사님, 이 시간에 잠을 깨워서 죄송합니다. 잠시 들어가도 될까요? 문제가 생겼습니다. 아무것도 알지도 못하면서 주식 시장에 뛰어 들었는데, 이제 농장을 포함한 제 모든 것을 잃게 될 지경입니다. 저는 어제 저녁 목사님께서 목사관을 위해 주급을 모두 내어 놓으실 때 그 자리에 있었습니다. 저는 아무것도 드리지 않았고요. 집으로 돌아갔지만 잠을 잘 수가 없었습니다. 30분 전쯤, 일어나서는 밭으로 나가 이걸 파왔습니다."

그는 주머니에 손을 넣더니, 내게 100달러짜리 지폐 4장을 건네주었다.

생전 처음으로 100달러짜리 지폐를 보는 순간이었다.

"목사님께 드리는 이 돈은 단순한 돈이 아닙니다. 씨앗을 위한 돈입니다. 목사님도 아시겠지만 저는 밀농사를 짓고 있고, 추수를 위해서는 씨를 뿌려야만 합니다. 저는 이 씨를 하나님의 사람인 당신에게 지금 제가 처한 모든 문제들이 해결될 것에 대한 믿음을 가지고 뿌리는 것입니다.

Book in Book

그래야만 제가 농사일로 돌아가서 제가 할 줄 아는 일을 할 수 있게 됩니다."

　에블린은 침실 모퉁이를 쳐다보고 있을 뿐이었다. 나는 방으로 들어가서 에블린 앞에 100달러짜리 네 장을 흔들어 보였다. 우리가 기뻐하는 사이, 나는 그것이 내가 드린 것의 약 7배가 되는 것을 알게 되었다. 그것이 씨앗이란 사실을 처음으로 깨닫는 순간이었다. 내가 드린 55불은 내 필요를 따라 뿌린 씨앗이었고, 내 믿음의 씨앗이었다.

특별한 사건이 아니라고 여길 수도 있었지만 이 경험은 그가 "심고 거두는 원리"를 깨닫는 계기가 되었습니다. 그때부터 그는 하나님으로부터 받은 비전을 이 원리대로 실천해 나갔습니다. 나중에 의과대학을 세워서 의료선교사를 선교지에 파송하려고 한 그의 비전이 졸업생들이 실제로 나가지 않게 되자 문제가 되었습니다. 졸업생들이 대부분 7-10만 불씩 학자금 대출을 받아 빚을 지고 공부를 하였기 때문에 미국에서 좋은 병원에 취직해서 일하지 않으면 대출을 갚을 수 없었습니다. 빚을 갚을 때까지는 의료 선교사로 나갈 수가 없었습니다. 이 문제를 해결하려고 기도하던 그는 하나님으로부터 졸업생들의 빚을 갚을 돈 800만 불을 모금하라는 지시를 받았습니다. 그는 자신의 주간 TV 프로그램에 나와서 상황을 설명하고 시청자의 후원을 부탁했습니다. 뿐만 아니라 1987년 3월까지 3개월 정도의 말미를 주면서 그 때까지 이 일을 완수하지 못하면 "너는 이 땅에서 사명이 다했으므로 내가 너를 부르겠다"고 하나님이 자신에게 말씀하셨다고 말했습니다.

  이 사건은 "헌금을 못 걷으면 하나님께서 그를 죽이겠다"고 했다고 왜곡되게 보도가 되었으며, 헌금을 걷기 위한 잔꾀라는 비판과 여러 가지 의혹이 뉴스가 되었습니다. 그러나 결국 3월이 다 가기 전에 하나님은 마지막으로 한 사람의 마음을 감동시켜서 그 때까지 모자라던 나머지 130만 불을 채워주셨습니다. 그는 플로리다에 위치한 개 경주장을 소유하고 있는 사람으로서 오랄 로버츠 목사님의 진실을 믿고 헌금을 드렸다고 말했습니다.

그는 수표를 가지고 오클라호마 털사에 와서 학교 내에 있는 기도 탑에서 기도하던 오랄 로버츠를 만나 수표를 건넸습니다. 불신자였던 그는 오랄 로버츠 목사님의 전도로 그 자리에서 영접기도를 하고 구원을 받았습니다. 세월이 얼마 지난 후 오랄 로버츠 목사님 부부는 플로리다에 있던 그를 개인적으로 방문하게 되었다고 합니다. 그동안 무슨 일이 있었겠습니까? 그 동안 수많은 편지가 이 할아버지에게 오기 시작했다는 것입니다. 자기들도 귀한 일을 하고 있으니 자기가 하는 일도 후원해 달라고 하는 편지들이었는데 대부분 그리스도인들이 운영하는 단체로부터 왔다고 합니다. 그 부자는 그런 사람들의 기부금 청탁을 대부분 거절하였다고 했습니다. 그들도 물론 좋은 의도로 했겠지만 살아계신 하나님을 믿는 믿음과는 거리가 먼 행동들이었습니다. 오랄 로버츠는 기도하며 주님의 음성을 듣고 순종했습니다. 그는 평생 이렇게 하여 불가능해 보이는 많은 일들을 주님의 이름으로 행하면서 믿음으로 살았습니다.

오랄 로버츠는 대부분의 그리스도인들이 TV를 "마귀 상자"라고 기피하던 고정관념을 깨뜨렸습니다. 그는 천막 집회에서 일어나는 치유의 현장을 당시 흑백 TV를 통해 처음으로 방송함으로써 영상 매체를 통해 복음을 전하는 새로운 시대를 개척하였습니다. 뿐만 아니라 치유의 복음을 마음껏 가르치고 인재를 키울 수 있는 오랄 로버츠 대학까지 믿음으로 세웠습니다. 그가 발견하고 적용하여 효과를 본 이 "씨앗 믿음"의 원리는 이렇게 요약할 수 있습니다.

1. 하나님을 근원으로 바라보라

> 땅이 있을 동안에는 심음과 거둠과 추위와 더위와 여름과 겨울과 낮과 밤이 쉬지 아니하리라 창 8:22
> While the earth remains, seedtime and harvest, cold and heat, summer and winter, day and night, shall not cease [ESV]

"씨앗 믿음"의 첫 번째 원리는 하나님을 근원으로 바라보는 것입니다. 세상의 모든 것은 하나님으로부터 말미암은 것입니다. 우리의 물질적인 필요를 채워주시는 공급자이시며, 우리의 질병을 치료하시는 치료자이시며, 영적 죽음을 제거하고 영원한 생명을 주신 구원자이십니다.

아브라함은 축복을 받고 나가서 전쟁에 승리한 것이 아니라, 전쟁에서 승리하고 난 후에 제사장으로부터 축복을 받고 십일조를 드렸습니다. 아브라함은 십일조를 통해 '하나님은 나의 모든 공급의 근원이시며, 이 전쟁을 통해 많은 전리품을 갖게 해 주신 분도 하나님이십니다' 라고 고백한 것입니다. 그렇기 때문에 멜기세덱이 축복했을 때, 아브라함은 당연히 하나님의 축복으로 인해 승리한 것이라는 사실을 그대로 시인하고 받아들였습니다.

2. 당신의 씨앗을 심으라

하나님은 인류를 구원하시기 위해 천사를 보내거나 다른 것을 희생하지 않으셨습니다. 하나님은 아들을 보내셔서 우리 대신 죄의 값을 지불하게 하셨습니다. 창세기 3:15은 "여자의 후손her seed"이 뱀의 머리를 상하게 할 것이라고 예언했습니다. 원문에서는 후손이라는 말이 '씨앗'이라는 단어로 표현되어 있습니다. 또 아브라함의 후손, 다윗의 후손이라는 말도 원문에는 모두 씨앗이라는 단어가 사용되어 있습니다. 예수님은 수많은 하나님의 자녀들이 태어날 수 있도록 한 알의 밀알이 되어 죽으셨습니다.

> 내가 진실로 진실로 너희에게 이르노니 한 알의 밀이 땅에 떨어져 죽지 아니하면 한 알 그대로 있고 죽으면 많은 열매를 맺느니라　　　　　　　　　　　　　　　　　　　요 12:24

영적인 세계에서도 자연의 법칙과 같은 원리가 적용됩니다. 세상에는 복음의 씨앗을 뿌릴 곳이 너무나 많습니다. 내가 믿고 있는 이 복음, 확신하는 이 복음은 무한한 번식의 능력이 있는 씨앗입니다. 우리는 이 씨앗을 가정과 이웃, 나아가 다른 나라에 뿌려야 합니다. 이처럼 세상에서 씨앗을 뿌리는 일에는 돈이 필요합니다. 돈 자체에는 생명이 없지만, 그것이 복음과 결합하면 생명을 갖게 됩니다. 따라서 믿음으로 씨앗을 심은 사람은 기적의 추수를 기대할 수 있습니다.

> 눈물을 흘리며 씨를 뿌리는 자는 기쁨으로 거두리로다 울며 씨를 뿌리러 나가는 자는 반드시 기쁨으로 그 곡식 단을 가지고 돌아오리로다　　　　　　　　　　　　　　　　　　시 126:5-6

실패와 손해의 순간에도 반드시 씨앗은 심어야 합니다. 가장 어려운 순간에 주님께 씨앗을 심는다는 것은 쉽지 않습니다. 그러나 하나님은 반드시 우리의 믿음을 따라 역사하십니다.

이것이 바로 씨앗 믿음의 원리에서 가장 핵심적인 것입니다. 가장 큰 결단과 믿음이 필요한 실패와 손해의 순간에, 환경을 바라보지 않고 하나님을 바라보고 헌금을 드림으로 믿음을 행동으로 옮기는 것입니다. 그 다음은 하나님께서 이런 믿음의 씨앗이 열매를 맺도록 일하실 차례입니다.

눈물을 흘리며 씨를 뿌리는 것은 씨앗을 뿌리기에는 너무나 궁핍한 상황을 말합니다. 사르밧 과부처럼 한 번 먹고 나면 더 이상 먹을 음식이 남아 있지 않은 극한 상황일 수도 있습니다. 그러나 그녀는 의심하거나 불평하지 않고 엘리야에게 마지막 남은 음식을 드렸습니다. 그 결과 가루가 마르지 않는 기적이 일어났습니다. 그녀는 눈물로 심은 씨앗에 대해 결국 기쁨으로 단을 거두었습니다.

3. 기적의 추수를 기대하라

> 예수께서 이르시되 내가 진실로 너희에게 이르노니 나와 복음을 위하여 집이나 형제나 자매나 어머니나 아버지나 자식이나 전토를 버린 자는 현세에 있어 집과 형제와 자매와 어머니와 자식과 전토를 백 배나 받되 박해를 겸하여 받고 내세에 영생을 받지 못할 자가 없느니라   막 10:29-30

예수님은 '나와 복음을 위하여'라는 큰 그림을 그려주심으로써 그 심는 범위를 명확하게 해 주셨습니다. 주님과 복음을 위해 믿음으로 심었으면 확실한 수확을 기대할 수 있습니다.

> 하나님의 나라는 사람이 씨를 땅에 뿌림과 같으니 그가 밤낮 자고 깨고 하는 중에 씨가 나서 자라되 어떻게 그리 되는지를 알지 못하느니라 땅이 스스로 열매를 맺되 처음에는 싹이요 다음에는 이삭이요 그 다음에는 이삭에 충실한 곡식이라 열매가 익으면 곧 낫을 대나니 이는 추수 때가 이르렀음이라 막 4:26-29

어떻게 자라는지는 알 수 없지만 씨앗은 성장의 조건만 갖춰지면 반드시 싹을 틔우고 열매를 맺게 됩니다. 농사는 하루 아침에 짓는 것이 아닙니다. 씨앗을 심자마자 열매가 나오지 않는다고 수확을 포기하거나 씨앗을 도로 파내는 농부는 없습니다. 기적의 추수를 기대하고 열매를 볼 때까지 포기하지 않기 위해서는 믿음의 싸움을 해야 합니다. 즉시 열매가 보이지 않고 오랜 시간이 걸려도, 열매를 거두기 전까지는 포기하지 않아야 합니다. 수확할 때까지 약속의 말씀 위에 굳게 서서 믿음의 싸움에 승리해야 합니다. 마귀가 부정적인 말과 환경을 통해 불화살을 쏠 때, 모든 생각을 사로잡아 말씀에 복종시키며 믿음의 선한 싸움을 싸워야 합니다. 승리의 순간까지 지속하는 힘은 기도하고 구한 것을 받은 줄로 믿고 감사하며 기뻐하는 것입니다. 감사와 기쁨의 찬양은 우리의 믿음을 강화시켜 줍니다.

> 우리가 선을 행하되 낙심하지 말지니 포기하지 아니하면 때가 이르매 거두리라   갈 6:9

> 여호와를 의뢰하고 선을 행하라 땅에 머무는 동안 그의 성실을 먹을 거리로 삼을지어다 또 여호와를 기뻐하라 그가 네 마음의 소원을 네게 이루어 주시리로다 네 길을 여호와께 맡기라 그를 의지하면 그가 이루시고 네 의를 빛 같이 나타내시며 네 공의를 정오의 빛 같이 하시리로다   시 37:3-6

오랄 로버츠 목사님은 "병을 고치는 그리스도"를 한 시대에 교회와 세상에 전파한 복음 전도자였습니다. 뿐만 아니라 그는 오랄 로버츠 대학을 세워 영과 혼과 몸을 건강하게 훈련하는 전인 교육을 통해 그의 비전을 이어갈 다음 세대를 양성했습니다. 이 모든 일에는 그의 믿음과 그의 비전을 샀던 많은 후원자들의 헌금과 봉사가 있었습니다. 의료 선교사들의 빚을 갚아 주고 그들이 선교지로 나갈 때까지 그는 은퇴하지 않고 자신의 사명을 끝까지 감당하였습니다. 이 모든 일을 믿음으로 행하면서 그가 깨달았던 재정의 원리를 그는 자서전[10]에서 열 가지로 소개하였습니다.

나는 개인적인 재정과 사역의 재정을 어떻게 다루었는가?

1. 재정적인 지혜의 시작에서부터 출발하십시오

하나님의 것을 도둑질하면서 하나님의 복을 기대할 수는 없습니다(말 3:8-9). 그러므로 십일조를 드림으로써 믿음으로 심을 기회를 거절하거나 가볍게 여기지 말아야 합니다. 땅이 있는 동안 심을 때와 수확이 있다고 하셨습니다(창 8:22). 아브라함도 십일조를 드렸는데 이것은 하나님이 자신에게 축복하시는 분이라는 것에 대한 감사와 보이지 않는 믿음을 보이도록 행동으로 증명한 인침과 같은 것입니다(창 14:18-20, 히 7).

---

10) Oral Roberts(2002), "Still Doing the Impossible", p. 186-188, Destiny Image, "Seed-faith"

2. 하나님과 사람들은 우리가 더 높은 기준의 삶을 살 것을 기대합니다

> 알지 못하고 맞을 일을 행한 종은 적게 맞으리라 무릇 많이 받은 자에게는 많이 요구할 것이요 많이 맡은 자에게는 많이 달라 할 것이니라   눅 12:48

우리는 빚을 지거나 어리석은 투자를 함으로 재정적인 난관에 빠지지 않도록 해야 합니다. 하나님은 작은 것에 충성된 자에게 큰 것을, 불의한 재물에 충성된 자에게 참된 것을, 남의 것에 충성된 자에게 자기 것을 주신다고 하셨습니다(눅 16:1-13).

아나니아와 삽비라는 자신들의 재물을 가지고 거짓말을 한 것 때문에 죽었습니다. 돈을 다루는 데 철저하지 못하면 누구도 하나님은 물론 사람으로부터도 오랫동안 신뢰를 받을 수 없습니다. 철저한 십일조는 물론 목사들은 어떤 특별한 목적으로 헌금을 받았으면 반드시 그 목적대로 사용해야 합니다. 초청 강사에게 드릴 사랑의 헌금이라고 말했으면 반드시 초청 강사에게 전부 주어야 합니다. 선교헌금이나 성도들이 지정하여 드린 헌금도 마찬가지입니다. 교회 성도는 물론 세무감사를 해도 이상이 없도록 교회의 재정뿐만 아니라 자신의 돈도 철저하게 관리해야 합니다.

3. 돈을 다루는 데 필요한 하나님의 지혜를 구하십시오

내 백성이 지식이 없으므로 망한다고 하신 말씀처럼 지혜롭게 돈을 벌고 쓰는 것에 대해 공부하십시오. 우리가 다루어야 하는 모든 재정 문제에 대한 질문에 대한 해답은 이미 성경에 있음을 기억하고 말씀을 통해 인도받으십시오.

4. 결코 부족함이 없도록 하나님과 그분의 영적인 형통함을 구하십시오

가난한 자의 사고방식을 버리고 "번영의 사고방식"을 장착하십시오. 사람의 전통이나 비판자들의 말을 무시하고 진리를 따라 행하십시오. 하나님의 일을 하는 데 차고 넘치도록 공급하시는 것을 심고 거두는 법칙을 통해 증거하는 삶을 사십시오 (갈 6:7, 빌 4:19, 마 17:20).

5. 가족의 재정적인 필요를 돌보십시오

자기 가정을 잘 꾸려 나가서, 자녀들에게도 존경을 받아 순종하게 만드는 사람이라야 합니다. 사람이 자기 가정조차 잘 다스리지 못한다면, 어떻게 하나님의 교회를 잘 돌볼 수 있겠습니까?

딤전 3:4-5 쉬운말

하나님은 교회를 세우기 전에 가정을 먼저 세우셨습니다. 가족을 돌보는 것을 가볍게 여기는 것은 후회의 씨앗을 심는 것입니다. 비상금, 자녀들의 학비, 보험은 물론 빚 없이 자기 집을 소유하는 것, 노후 대책까지 철저하게 재정 계획을 세우고 실천하십시오.

6. 빚을 조심하십시오

빚진 자는 채주의 종이 된다는 말씀을 기억하십시오(잠 22:7). 바울은 피차 사랑의 빚 외에는 아무에게든지 아무 빚도 지지 말라고 했습니다(롬 13:8).

7. 빨리 큰 돈을 벌 수 있다고 하는 모든 유혹을 멀리 하십시오

이런 유혹은 매우 교묘하기 때문에 선의로 도와준다고 하는 사람들마저도 의지했다가는 큰 낭패를 당할 수 있습니다. 그러므로 좋은 재정 상담가를 찾는 것은 더욱 중요합니다. "너의 행사를 여호와께 맡기라 그리하면 네가 경영하는 것이 이루어지리라"(잠 16:3).

8. 재정 분야도 조언을 해 줄 수 있는 영적으로 성숙한 멘토를 찾으십시오

특히 배우자와 함께 기도하며 서로 상의하면서 중요한 재정적인 결정을 하십시오. 한 사람이 보지 못하는 것을 다른 사람이 볼 수 있고 삼겹줄은 쉽게 끊어지지 않습니다. 재정 분야를 조언해 줄 수 있는 좋은 재정 상담가를 신중하게 찾으십시오.

9. 놀라지 마십시오. 당신의 실패보다 당신의 성공이 더 다루기 어렵습니다

주님이 말씀하신 어리석은 부자의 이야기를 다른 사람의 이야기로 가볍게 여기지 마십시오. 항상 깨어 있어서, 주님께 철저하게 순종하며, 전심으로 주님을 따르고, 주님의 지혜와 인도를 구하십시오. 그러면 반드시 성공할 것입니다. 작은 예방이 큰 처방보다 훨씬 쉽습니다.

청년들이여, 이와 같이 여러분도 장로들에게 복종하십시오. 또한 겸손의 옷을 입고, 서로를 먼저 섬기십시오. 성경에 기록되기를 "하나님께서는 교만한 자를 물리치시고, 겸손한 자에게 은혜를 베푸신다"라고 했습니다. 벧전 5:5 쉬운말

10. 주님의 사업을 잘 돌보십시오, 그러면 주님께서 당신의 사업도 잘 돌봐 주실 것입니다

믿음이 없이는 하나님을 기쁘시게 하지 못하나니 하나님께 나아가는 자는 반드시 그가 계신 것과 또한 그가 자기를 찾는 자들에게 상 주시는 이심을 믿어야 할지니라   히 11:6

재정 분야도 모든 하나님의 역사와 마찬가지로 믿음의 행동이 있어야만 합니다. 믿음의 행동은 하나님과 그분의 말씀을 믿고 행함으로써 그 말씀이 나의 삶에 역사하도록 하는 것입니다. 말씀의 씨앗을 받아 나의 밭에 심는 것입니다. 믿음을 가지고 행동으로 옮길 때까지는 아직 심은 것이 아니므로 하나님의 손에서 번식시킬 수 없습니다. 하나님의 생명은 당신이 심은 씨앗에 있습니다.

내가 너희에게 말하노니
불의의 재물로 친구를 사귀라
그리하면
그 재물이 없어질 때에
그들이 너희를 영주할 처소로 영접하리라

누가복음 16:9

4

하나님 왕국의 경영

Chapter 4

GRACE Festival '94

선교 사업은 쉬운 일이 아니다
그러나 우리는 예수님께서
영광스럽게 돌아오실 때까지
이러한 신성한 명령을 수행하는데
우리의 최상의 노력을 투자해야 한다

왜냐하면 이것은 주님의 마음이고
이 땅의 모든 교회의 궁극적인
목적이기 때문이며
이 세상의 그리스도인의 삶의
궁극적인 목적이 되기 때문이다

- 1994년 모스크바 올림픽 경기장에서
LA 은혜한인교회 김광신 목사 -

하나님 **왕국의 경영**

4장
하나님 왕국의 경영

그리스도인은 세상에 파송된 선교사입니다

잠언 29:18은 계시가 없으면 백성은 방자해진다고 말씀하였습니다. 교회는 선교라는 불꽃으로 어둠의 세상을 밝히는 빛입니다. 전도와 선교에 대한 비전이 없으면 소비자형 그리스도인이 되어 시간과 재능과 재물을 허비하며 살게 됩니다. 소비자형 그리스도인들은 헌신과 책임이 없는 부담 없는 교회생활을 원합니다. 부담이 없다는 것은 유익은 취하지만 책임은 지지 않는다는 말입니다.

그러나 하나님의 나라에서 파송된 그리스도의 대사로 자신을 인식하기 위해서는 청소년 시절부터 우리가 섬겨야 할 넓은 세상을 직접 보고 경험하는 것이 중요합니다. 영어 연수나 문화 관광보다 선교여행을 해야 합니다. 인도 같은 나라에 가서 절대 빈곤층이 살아가는 모습을 직접 봐야 합니다. 그러면 복음이 없는 세상의 비참함을 책과 인터넷을 통해서 스쳐가는 정보가 아니라 실제적인 삶의 문제로 인식하게 됩니다. 이런 선교여행은 청소년들에게는 공부를 해야 하는 이유와 어떤 직업을 가지고 어떻게 이웃과 세계를 품고 섬길 것인가를 일찍부터 생각하게 합니다.

선교지를 방문하면 세상과 자신의 삶을 보는 시야가 넓어지며 그리스도인으로서 자신의 열망과 기도가 얼마나 자기중심적인지 깨닫게 됩니다. 따라서 하나님의 나라가 땅 위에 이루어지는 것을 열망하는 삶으로 도전을 받게 됩니다. 또한 세상 환경에 대한 막연한 불만이나 부모나 나라에 대해 불평하는 마음이 감사하는 마음으로 바뀌게 됩니다. 청소년기가 선교여행을 하기 가장 좋은 시기이지만 성인이 되어서도 선교지를 방문하면 유익이 많습니다. 선교헌금에도 적극적으로 참여하여 세계를 품은 그리스도인으로 살아가야 합니다.

우리는 하나님의 나라의 대사로서 자신의 신분과 권세를 알고 하나님의 나라의 법을 알았습니다. 우리는 그분의 나라와 그분의 의를 먼저 구하는 삶을 살기로 하였습니다. 여기까지는 하나님의 약속의 말씀을 알고 믿으면 됩니다. 이제 남은 것은 달란트의 비유에서 세 종과 같이 주님이 오셔서 결산할 때까지 능력껏 사업을 하여 이익을 남기는 것입니다. 각 사람은 하나님께서 주신 재물과 기회에 대해 자신의 책임을 다해야 합니다. 우리는 하나님의 투자를 받은 벤처 사업가요 스타트업 기업을 일으키는 하나님의 사업을 경영하는 기업가입니다. 우리에게는 아들의 생명으로 값을 치르신 주님께 합당한 최고의 삶을 살아야 할 책임이 있습니다.

하나님의 자녀가 재정에 대해 가져야 할 세 가지 확신

1. 하나님의 부요함은 부족함이 없이 차고 넘칩니다

하나님이 창조하신 세계의 풍성함과 부요함은 늘 우리를 놀라게 합니다. 생명체가 없는 우주는 제외하고, 지구상의 생물들 중에 연어, 개구리, 여왕벌, 개미 등이 낳는 알의 숫자는 엄청납니다. 그들은 성장 과정에서 대부분 잡아먹히지만 살아남는 것들만으로도 끊임없이 종족을 보존하고 있습니다. 하나님의 창조의 세계는 이렇게 풍요롭습니다. 하나님은 모든 피조물을 창조하신 후 마지막으로 이들을 다스리도록 아담과 하와를 창조하셨습니다. 창조 후 하나님이 안식하신 날이 아담과 하와에게는 세상에서 맞이한 첫 날이었습니다. 그들은 너무나도 풍요한 세상에서 살게 되었습니다. 그러므로 하나님의 자녀들은 무슨 일을 하든지 어떤 자원도 부족함이 없어야 마땅합니다.

2. 하나님 아버지께서는 자녀들이 자신의 부요함을 마음껏 누릴 수 있도록 기꺼이 베푸십니다

예수님은 하나님의 충분한 공급을 누리며 사셨습니다. 주님은 떡 다섯 개와 물고기 두 마리로 수만 명을 먹이셨습니다. 모두 배불리 먹고 남은 음식만 열두 광주리에 가득 찼습니다. 십자가를 지러 예루살렘에 들어가실 때는 성경의 예언대로 타실 나귀가 필요하였습니다. 주님은 한 나귀를 풀어오라고 하셨고, 그 나귀 주인은 "주께서 쓰시겠다"는 말 한마디에 허락하였습니다(막 11:1-6). 마지막 만찬을 하실 때도 모든 것이 다 예비되어 있었습니다(막 14:12-16). 주님은 이 땅에서 하나님으로부터 받은 사명을 감당하는데 어떤 물질의 부족함도 없었습니다. 먹거리가 아무리 많아도 한 사람이 한 번에 먹을 수 있는 양은 정해져 있듯이, 일생 동안 우리에게 필요한 물질도 마찬가지입니다. 하나님이 내게 맡기신 일을 하는데 넉넉하고 부족함이 없도록 "이 모든 것들을 더하시리라"고 하신 주님을 우리는 믿을 수 있습니다.

3. 그러므로 우리는 공급을 걱정하지 않고 베풀며 살 수 있습니다

다윗은 여호와가 자기의 목자이므로 자신은 어떤 부족함도 없을 것이며 자기의 잔은 넘친다고 고백했습니다(시 23편).

잔이 넘치도록 공급해 주는 근원에 연결되어 있는 사람은 빈 잔을 가진 사람에게 자신의 넘치는 것으로 나누어 줄 수 있습니다. 이렇게 부요하신 하나님이 나의 목자이며 자녀의 잔이 넘치도록 부어주시는 분이라는 것을 알고 믿음으로 사는 것이 베푸는 삶입니다. "남에게 대접을 받고자 하는 대로 너희도 남을 대접하라"(눅 6:31)는 주님의 말씀을 따라 우리는 먼저 주는 자로 살 수 있습니다. 이방인도 받고자 하여 줄 수는 있다고 하시면서, 너희는 원수를 사랑하고 기대하지 말고 주라고 말씀하셨습니다.

> 참새 두 마리가 한 앗사리온에 팔리지 않느냐 그러나 너희 아버지께서 허락하지 아니하시면 그 하나도 땅에 떨어지지 아니하리라 너희에게는 머리털까지 다 세신 바 되었나니 두려워하지 말라 너희는 많은 참새보다 귀하니라   마 10:29-31

그리스도인이 하나님의 왕국 경영에 참여하는 방법

1. 성도의 시대 사도행전 교회의 목자가 되십시오

초대 교회 성도들은 집으로 사람들을 초대해서 음식을 먹으며 함께 교제하며 삶을 나눴습니다. 이렇게 하면 자연스럽게 자신의 오이코스의 영혼들을 구원하고 제자로 훈련하는 일이 삶이 됩니다. 그래서 바울은 로마의 성도들에게 "성도들의 쓸 것을 공급하며 손 대접하기를 힘쓰라"(롬 12:13)고 구체적으로 지시했습니다. 사람들의 필요는 처음으로 접촉하고 섬길 때 그 사람의 마음을 열 수 있는 접촉점이 됩니다.

성도들의 필요를 채워주고, 손님 대접하기를 힘쓰는 것은 한 영혼을 구원하고, 제자를 만드는 일에 씨앗을 심는 것입니다. 다른 사람을 섬기기에는 자신의 재정이 넉넉하지 않다는 가난한 사고방식을 버리십시오. 항상 이웃과 함께 나눌 것이 있다는 부요한 자의 사고방식을 가지면 누구나 할 수 있습니다. 모든 축복과 공급은 하나님으로부터 오며, 그분이 늘 공급해 주신다는 믿음으로 산다면 실제로 사도행전에서 보는 것처럼 가정에서 모이는 수많은 교회들의 탄생을 볼 수 있을 것입니다.

2. "복음 사업가Gospel Entrepreneur"의 은사와 부르심을 귀하게 여기십시오

> 권면하는 사람이면 권면하는 일에 힘쓸 것이요, 나누어 주는 사람은 순수한 마음으로, 지도하는 사람은 열성으로, 자선을 베푸는 사람은 기쁜 마음으로 해야 합니다.　　롬 12:8 새번역

if it is encouraging, let him encourage; if it is contributing to the needs of others, let him give generously; if it is leadership, let him govern diligently; if it is showing mercy, let him do it cheerfully [NIV]

여기서는 은사에 대한 내용으로, "나누어 주는 사람"과 "자선을 베푸는 사람"을 언급하고 있습니다. 베푸는 은사를 가진 사람은 어떤 일이 하나님께서 기뻐하시는 일인지, 그리고 자신이 받은 비전이 하나님으로부터 온 것인지 사람으로부터 온 것인지를 정확하게 분별할 수 있는 눈을 가지고 있습니다. 그는 주님의 마음이 있는 곳에 긍휼히 여기는 마음으로 반응합니다. 그는 재정적으로 후원할 수 있도록 돈을 잘 버는 능력과 심을 곳을 정확하게 인도 받도록 기도합니다. 베푸는 사람을 주는 자giver라고 번역한 성경도 있는데 사업을 통해 이런 일을 돈으로 후원하는 사람은 "복음 사업가Gospel Entrepreneur"라고 할 수 있습니다. 우리는 하나님이 내게 주신 재물을 얻을 수 있는 능력을 개발하여 이웃을 섬기며 하나님의 나라를 확장할 책임이 있습니다. 이것은 복음 사업가뿐만 아니라 모든 그리스도인에게 맡겨진 "청지기 직분Stewardship"입니다. 성경은 이런 헌금을 하나님이 기뻐 받으시는 제사라고 하였습니다(히 13:16).

오직 선을 행함과 서로 나누어 주기를 잊지 말라 하나님은 이같은 제사를 기뻐하시느니라   히 13:16

3. 선교에 헌신하십시오

미국의 저명한 선교학자인 랄프 윈터[11] 박사에 의하면 미국 복음주의 교회들이 순수한 선교헌금으로 선교단체에 기부하는 돈이 약 20억 달러라고 합니다. 이것은 미국인들이 다이어트에 쓰는 비용의 사분의 일 정도 수준입니다. 우리나라의 현실도 비슷할 것입니다. 가난한 나라들은 오염된 식수나 간단한 예방주사를 맞히지 못하여 유아사망률이 매우 높습니다. 영양실조, 결핵, 그리고 폐렴과 같은 후진국 질병들은 퇴치에 큰 돈이 필요하지 않습니다. 그러나 선진국들은 뇌졸중, 당뇨 같은 심혈관 질환과 암, 성병, 간경화증, 마약 중독, 알콜 중독, 이혼, 아동학대, 정신병, 자살 같은 것이 많습니다. 이런 질병들은 대부분, 심한 스트레스와 움직이는 것에 비해 너무 많이 먹어서 생기는 소위 대사성 질병입니다. 이런 불균형을 보면서 우리는 주님께서 말씀하신 대로 "많이 받은 자에게는 많이

---

[11] 랄프 윈터, 스티븐 호돈, 한철호(2010), "퍼스펙티브스 2", 예수전도단, pp. 453-456 참조

요구할 것"이라는 말씀을 기억해야 합니다(눅 12:48).

그리스도인들은 단순하고 검소한 생활을 해야 마땅합니다. 풍요한 세상에서 절제하고 절약한 돈을 선교에 헌신한다면 선교에 큰 기여를 할 수 있습니다. 은혜한인교회 김광신 목사님은 교회들이 선교에 동참할 것을 독려하면서 이런 말을 했습니다. "성도들이 예수를 믿고 믿음대로 살면서 형통하게 되면 어떻게 해서든지 선교에 헌신하게 하십시오. 그렇게 하지 않으면 그 돈은 더 좋은 차와 더 큰 집과 값비싼 가구와 사치품을 사는 데다 써버릴 것입니다." 주님께서는 한마디로 이 땅에 사는 동안 모든 재물은 영혼을 구원하는 데 쓰는 것만 영원한 가치가 있는 것이라고 말씀하셨습니다.

> 내가 너희에게 말하노니 불의의 재물로 친구를 사귀라 그리하면 그 재물이 없어질 때에 그들이 너희를 영주할 처소로 영접하리라
> 눅 16:9

영주할 처소는 구원받은 영혼들이 갈 곳이요 재물은 친구를 사귀는 도구입니다. 친구를 구원하는 데 사용한 재물만 영원한 곳에 투자한 것입니다.

다스리는 지혜와 믿음을 증가시키는 법

> 우리 주 예수 그리스도의 은혜를 너희가 알거니와 부요하신 이로서 너희를 위하여 가난하게 되심은 그의 가난함으로 말미암아 너희를 부요하게 하려 하심이라   고후 8:9

> 오직 우리 주 곧 구주 예수 그리스도의 은혜와 그를 아는 지식에서 자라 가라 영광이 이제와 영원한 날까지 그에게 있을지어다
> 벧후 3:18

그리스도의 속량 사역으로 우리에게 값없이 주신 구원의 은혜를 우리는 거듭났을 때 처음으로 깨닫게 됩니다. 이 은혜는 우리의 삶에서 호의와 번영, 치유, 초자연적인 증가가 일어나게 합니다. 우리가 그리스도 안에서 살아갈 때 하나님의 초자연적인 능력이 나를 위해 역사하는 유익을 누리게 됩니다. 이 은혜는 그리스도인을 세상 사람들이나 그들의 방법보다 더 유리하게 만듭니다. 하나님의 은혜는 사람이나 체제의 한계를 넘어 역사하기 때문입니다. 우리는 하나님께 지혜와 은혜를 구할 수 있습니다.

종의 신분이었지만 어디에 있든지 탁월한 지혜로 맡은 일마다

잘하여 마침내 이집트 총리가 된 요셉이나, 포로로 잡혀 가서도 섬기던 왕들에게 탁월한 지혜와 실력으로 인정받았던 다니엘은 이런 은혜를 입고 산 사람들입니다. 이런 은혜와 그리스도를 아는 지식 가운데 자라야 할 책임은 각 사람에게 있습니다.

> 한 사람의 범죄로 말미암아 사망이 그 한 사람을 통하여 왕 노릇 하였은즉 더욱 은혜와 의의 선물을 넘치게 받는 자들은 한 분 예수 그리스도를 통하여 생명 안에서 왕 노릇 하리로다
>
> 롬 5:17

은혜와 의의 선물을 넘치게 받으면 예수님께서 사셨던 것과 같이 환경을 초월하여 모든 것을 다스리며 살 수 있습니다. 왕 노릇하는 것은 왕으로서 자신이 통치하는 나라를 다스리는 것입니다. 만왕의 왕 되신 우리 주 예수 그리스도의 자리에서 그분의 이름으로 그분의 뜻이 이 땅에 이루어지도록 사는 삶입니다.

> 하나님이 능히 모든 은혜를 너희에게 넘치게 하시나니 이는 너희로 모든 일에 항상 모든 것이 넉넉하여 모든 착한 일을 넘치게 하게 하려 하심이라
>
> 고후 9:8

위 말씀에서는 '모든'이라는 단어가 네 번 사용되었는데 가장 먼저는 '모든 은혜'입니다. 사람들은 은혜에 의하여 믿음으로 구원을 받는 순간부터 은혜를 의식하며 살아갈 수 있습니다(엡 2:8). 그 후부터는 그리스도 예수의 은혜와 그를 아는 지식 가운데서 자라가야 합니다(벧후 3:18). 그리스도 예수께서 우리를 위해 하신 일과 그분을 아는 지식만큼 우리는 은혜를 받을 수 있습니다. 은혜를 받지 못한다면 그것은 주는 자의 문제가 아니라 받는 자의 문제입니다. 그러므로 모든 그리스도인들은 늘 은혜를 사모하며 은혜를 받는 자리에 있어야 합니다. 그리스도는 "모든 은혜"의 근원이므로 치유나 재정이나 인간관계나 어떤 분야든지 지금 내게 필요한 은혜를 넘치게 받을 수 있습니다.

넘치는 것은 모든 것이 넉넉하여 충분하고도 남는 상태입니다. 예수님께서 보리떡 다섯 개와 물고기 두 마리로 어린아이와 여자들을 제외하고도 오천 명을 먹이셨을 때에도 열두 바구니나 음식이 남았다고 했습니다. 이것이 바로 주님께서 누리신 형통함의 수준입니다. 우리도 주님께서 이 땅에서 누리셨던 그 형통함의 수준을 누리며 살 수 있습니다. 사도 바울도 예수님과 같은 그러한 수준에서 살았기 때문에 고린도 교회에게 이렇게 담대히 축복의 말을 했습니다. 그러면 어떻게 내가 누리는 형통의 수준을 증가시킬 수 있을까요?

1. 성령으로 기도함으로써 자기를 건축해야 합니다

그러나 사랑하는 여러분, 여러분은 가장 거룩한 여러분의 믿음을 터로 삼아서 자기를 건축하고, 성령으로 기도하십시오.

유 1:20 새번역

But you, beloved, building yourselves up in your most holy faith and praying in the Holy Spirit [ESV]

눈은 몸의 등불이니 그러므로 네 눈이 성하면 온 몸이 밝을 것이요 눈이 나쁘면 온 몸이 어두울 것이니 그러므로 네게 있는 빛이 어두우면 그 어둠이 얼마나 더하겠느냐 한 사람이 두 주인을 섬기지 못할 것이니 혹 이를 미워하고 저를 사랑하거나 혹 이를 중히 여기고 저를 경히 여김이라 너희가 하나님과 재물을 겸하여 섬기지 못하느니라

마 6:22-24

사람의 영은 여호와의 등불 the lamp of the Lord 이라……

잠 20:27

삶은 영적인 것입니다. 내 영의 등불이 밝으면 어둠이 사라지고 말씀에 순종하며, 성령의 음성을 듣고 인도를 받을 수 있습

니다. 성령으로 기도하면 우리의 거듭난 영은 말씀의 씨앗이 뿌리를 내릴 수 있는 좋은 밭으로 준비됩니다. 좋은 땅에 떨어진 씨앗은 30배, 60배, 100배의 열매를 맺습니다(막 4:20). 좋은 심령은 눈이 성함으로 온몸이 밝은 사람입니다. 우리는 세상의 어둠이 마음을 어둡게 하지 못하도록 늘 주님의 등불을 밝게 유지해야 합니다. 성경은 "세상에 있는 모든 것, 곧 육체의 욕망과 눈의 욕망과 세상 살림에 대한 자랑"(요일 2:16)은 아버지가 아니라 세상에서 온 것이라고 하였습니다. 뿐만 아니라 "세상의 염려와 재물의 유혹과 그 밖의 다른 일의 욕심"은 사람의 심령에 들어가서 말씀을 막아 열매를 맺지 못하게 한다고 하였습니다(막 4:19). 주님은 돈을 사랑함이 일만 악의 뿌리이며(딤전 6:10), 하나님과 재물을 겸하여 섬길 수 없다고 말씀하셨습니다(눅 16:13). 재물의 유혹을 거절하고 주님만을 사랑하는 것은 오직 성령으로 충만한 사람만이 할 수 있는 일입니다.

> 포악을 의지하지 말며 탈취한 것으로 허망하여지지 말며 재물이 늘어도 거기에 마음을 두지 말지어다 시 62:10

그러므로 늘 성령으로 기도함으로써 자신의 영을 건축하고 깨끗한 심령을 지킴으로써 눈을 밝게 하는 것이 무엇보다도 중요합니다. 눈이 어두워지면 "세상에 있는 모든 것"을 하나님보다 더 사랑하고 중히 여기고 섬기는 죄에 빠지게 됩니다. 그러므로 늘 깨어서 기도하여 자신의 영의 등불을 밝혀서 항상 "하나님의 나라와 그의 의를 먼저 구하고 있는가?" 자신의 동기를 점검해야 합니다. 진실로 하나님의 나라를 위한 일인지, 주님과의 관계 안에서 평안이 있으며 주님이 기뻐하시는 일인지 점검해야 합니다. 부모들은 자녀들의 나이에 알맞게 용돈을 주어 돈을 관리하는 법을 훈련합니다. 하나님도 우리의 영적 성장 수준에 맞게 재물을 맡겨서 재정을 관리하는 능력을 증가시킵니다.

2. 재정적인 번영에 대한 말씀을 묵상해야 합니다

> 너희가 내 안에 거하고 내 말이 너희 안에 거하면 무엇이든지 원하는 대로 구하라 그리하면 이루리라 너희가 열매를 많이 맺으면 내 아버지께서 영광을 받으실 것이요 너희는 내 제자가 되리라
> 요 15:7-8

하나님의 말씀을 묵상함으로써 그 말씀이 심령 안에 뿌리를 내리도록 하면 열매는 저절로 맺힙니다. 말씀을 따라 바른 판단을 하고 바른 선택을 함으로써 많은 열매가 맺히게 됩니다. 이렇게

심령에 말씀의 씨앗이 풍성히 거하면 그 사람은 지혜로운 사람이 되어 지혜로운 선택을 할 수 있으므로 어떤 상황에서도 가장 좋은 것을 선택하여 가장 좋은 결과를 보게 됩니다. 말씀을 묵상할 뿐만 아니라 그리스도가 우리의 지혜이므로 그리스도 안에 감추어져 있는 지혜와 지식을 찾아내고 하나님께 지혜를 구하는 것은 우리의 책임입니다. 이와 같이 늘 하나님의 말씀을 편견 없이 전체적으로 공부하여 하나님의 성품과 그분의 뜻을 아는데 자라가야 합니다.

> 그 안에는 지혜와 지식의 모든 보화가 감추어져 있느니라
>
> 골 2:3

> 오직 우리 주 곧 구주 예수 그리스도의 은혜와 그를 아는 지식에서 자라 가라 영광이 이제와 영원한 날까지 그에게 있을지어다
>
> 벧후 3:18

> 너희 중에 누구든지 지혜가 부족하거든 모든 사람에게 후히 주시고 꾸짖지 아니하시는 하나님께 구하라 그리하면 주시리라
>
> 약 1:5

이와 같이 기본이 되는 하나님의 말씀을 읽고 묵상하는 훈련이 된 후에는 반드시 번영과 형통에 관한 말씀의 원리를 공부해야 합니다. 특히 잠언은 이에 대해 쓴 가장 탁월한 책입니다. 잠언을 공부하고 적용하는 것은 이 책의 목적을 벗어나므로 중요성만 언급하도록 하겠습니다.[12] 잠언은 왕이 자신의 뒤를 이을 후계자를 훈련하는 왕의 도를 가르치는 책으로도 부족함이 없습니다. 솔로몬은 전도서에서 "도끼가 무딘데도 그 날을 갈지 않고 쓰면 힘이 더 든다. 그러나 지혜는 사람을 성공하도록 돕는다."(전 10:10)라고 했습니다. 번영에 대한 원리를 공부하는 것은 좋은 연장을 준비하는 것입니다. 잠언에는 재정에 대한 구체적인 가르침뿐만 아니라 사람의 성품과 태도와 같은 인간관계에 대한 주옥같은 말씀들도 있습니다.

토마스 스탠리[13]는 미국에 살고 있는 백만장자들을 연구하여 "백만장자 마인드"라는 책을 냈습니다. "부자가 될 수 있었던 요인은 무엇이었다고 생각하십니까?"라는 질문에 부자들이 생각하는 가장 중요한 요인이라고 생각하는 것 다섯 가지는

---

12) 스티븐 스캇, "솔로몬의 부자학 31장"(The Richest Man Who Ever Lived), (지식노마드: 2006)
13) 토마스 J. 스탠리, "백만장자 마인드(The Millionaire Mind)" (북하우스: 2000), p. 59

아래와 같았습니다. 놀랍게도 이 결과는 잠언에서 왜 재정의 관리뿐만 아니라 사람의 성품과 인간관계의 진실성을 그렇게 강조하는지를 설명해 주고 있습니다.

1. 모든 사람에게 정직하다(57%)
2. 자기 관리가 철저하다(57%)
3. 사람들과 잘 어울린다(56%)
4. 내조 / 외조를 잘해주는 배우자가 있다(49%)
5. 다른 사람보다 더 열심히 일한다(47%)

3. 교회의 비전을 삼으로써 교회의 머리되신 그리스도께 연결되어 있어야 합니다

> 보라 형제가 연합하여 동거함이 어찌 그리 선하고 아름다운고 머리에 있는 보배로운 기름이 수염 곧 아론의 수염에 흘러서 그의 옷깃까지 내림 같고 헐몬의 이슬이 시온의 산들에 내림 같도다 거기서 여호와께서 복을 명령하셨나니 곧 영생이로다
>
> 시 133:1-3

> 묵시가 없으면 백성이 방자히 행하거니와 율법을 지키는 자는 복이 있느니라
>
> 잠 29:18

이 시편은 우리의 대제사장이신 예수 그리스도를 머리로 한 그의 몸인 지역교회의 모습을 예언적으로 보여주고 있습니다. 여기서 기름은 곧 성령의 역사를 말합니다. 그리스도께서는 승천하실 때 오중사역자들(사도, 선지자, 복음전도자, 목사, 교사)을 사람들에게 선물로 주시고 가셨습니다. 제사장 아론의 머리에 있는 기름이 그의 수염을 따라 옷깃까지 흘러 내려가듯이 주님의 교회에는 그리스도의 몸으로서 그 지체들을 위해 위로부터 부어지는 집합적인 은혜가 있습니다.

나무가 심겨진 곳에서 자라 열매를 맺듯이, 성도는 교회를 통하여 성도들과 서로 연결되고 머리되신 주님과 연결되어 있어야 합니다. 지금 내가 섬기는 교회를 통하여 나의 삶의 모든 방향을 맞추고 동역해야 합니다. 나의 가정, 셀 그룹, 지역 교회라는 강가에 뿌리를 내려야 합니다. 각 지역 교회에는 하나님께서 교회 개척자에게 주신 비전이 있습니다. 개척자는 그 비전을 이루기 위해 헌신하는 사람들을 중심으로 교회를 세웁니다. 그러므로 성도들이 그리스도의 몸으로 함께 한 공동체로서 교회의 기능을 다하는 것은 주님께서 세상을 구원하시기 위한 방법입니다.

스스로 성경을 공부하고 기도하는 것뿐만 아니라 성도들과 교제를 통하여 공급되는 은혜를 누릴 수 있어야 합니다. 우리는 교회에서 함께 드리는 예배와 소그룹 모임을 통해 배운 말씀을 적용하며 삶을 나누어야 합니다. 말씀대로 사는 사람을 보고 제자로서 훈련받으며 내가 다른 사람을 제자로 삼는 일은 지속적인 훈련이 필요합니다. 그리스도의 사랑에서 나오는 대단한 열정과 끈기가 없이는 제자를 만들 수 없습니다. 교회를 통해 함께 비전을 사고 주님의 지체로서 그리스도의 사랑으로 성도와 이웃을 섬기면 누구나 열정의 불을 지속적으로 타오르게 할 수 있습니다. 이를 위해 성도들은 교회의 비전을 사고 헌금으로 동역합니다. 이것이 바울의 사역을 지원해 왔던 빌립보 교회가 누렸던 은혜였습니다. 비전을 위해 헌금을 하는 것은 은혜에 참여하는 것이며 형통의 원리가 일하도록 하는 믿음의 행위입니다.

100명이 살고 있는 지구촌

현재의 인구 통계비율을 반영해 지구를 100명이 사는 마을로 축소한다면

57명은 아시아인, 21명은 유럽인, 14명은 서반구(미주)인, 8명은 아프리카인

52명은 여자, 48명은 남자

70명은 유색인종, 30명은 백인

70명은 비기독교인, 30명은 기독교인

89명은 이성애자, 11명은 동성애자

6명은 전 세계 부의 59%를 차지하고 있고, 그 6명은 모두 미국인

80명은 적정 수준 이하의 주거 환경에 살고 있고

70명은 문맹

50명은 영양 부족

1명은 빈사 상태

1명은 지금 태어나려 하고 있고

1명(겨우 단 한 명)은 대학 교육을 받았고
1명은 컴퓨터를 소유하고 있습니다.

  이렇게 생각하면 좋은 집에 살고, 먹을 게 충분하고, 글을 읽을 수 있는 사람이라면 아주 선택받은 사람입니다. 거기다 컴퓨터를 가지고 있다면 굉장한 엘리트입니다. 만약 전쟁의 위험, 감옥에서의 고독, 고문으로 인한 고뇌, 기아의 괴로움을 겪어보지 않은 사람이라면, 세계 인구의 상류 500만 명 중 한 사람인 셈입니다. 만약 고통, 체포, 고문, 나아가서 죽음에 대한 공포 없이 자유로이 여행을 즐길 수 있는 사람이라면, 이 지구상의 30억 인구가 누리지 못하는 것을 누리고 사는 행운아입니다. 냉장고에 먹을 것이 있고, 몸엔 옷을 걸쳤고, 머리 위로는 지붕이 있어 잠잘 곳이 있는 사람이라면, 이 세상 75%의 사람보다 풍요로운 생활을 하고 있는 것입니다. 만약 부모님 두 분이 모두 살아계시고, 이혼을 하지 않은 상태라면 미국에서마저도 아주 드문 경우일 것입니다. 만약 고개를 들고 얼굴에 웃음을 띠고 기뻐할 수 있는 사람이라면 축복받았습니다. 만약 당신이 이 글을 읽을 수 있는 사람이라면, 당신을 생각하여 누군가 이 글을 보내주었다는 것을 생각할 때, 축복은 두 배나 되는 셈입니다.

- 작자 미상

불타는 선교 열정을 유지하는 것

김광신 목사[14] (LA, 은혜한인교회)

당신의 교회가 선교에 참여하도록 하는 것과 열정으로 참여자들을 관리하는 것은 별개의 문제이다. 목사는 어떻게 하면 자기 교인들의 마음속에서 선교의 불꽃이 계속 타오르게 할 것인가에 관심이 있을 것이다. 나는 여기에는 세 가지가 필요함을 배웠다.

선교는 태도에서 시작된다

무엇보다 교회 성도들은 선교 사업과 선교사에 대해 올바른 태도를 가져야 한다. 교인들이 선교에 대한 올바른 이해를 갖고 있지 않다면 조만간 실망할 것이다. 나는 우리 교인들에게 선교 사업은 선택의 문제가 아니라 명령임을 계속 지도해 왔다. 즉 선교 사업은 교회 성장의 결과가 아니라 교회 성장의 원인이 되어야 한다. 선교 사업에 참여하는 것은 예수 그리스도에 대한 우리의 사랑을 나타내는 한 방도이다. 선교 사업은 하나님으로부터 복을 받는 한 방도이다. 또 선교 사업은 예수 그리스도의

---

[14] 피터 와그너, "신사도 교회들을 배우라" (서로사랑: 1998), p. 285-287

심판 보좌에서 상급을 받을 수 있는 한 방도이다.

나는 교회 성도들이 파견한 선교사들과의 관계를 잘 이해하도록 하기 위해 그들이 선교사를 돕는 것이 아니라 선교사들이 그들을 돕는 것이라고 계속 강조하였다. 선교사들은 전쟁터의 대장과 같고, 그들의 모 교회는 공급의 기반인 것이다. 이렇게 하는 것은 모 교회가 선교사들에게 충분한 공급을 할 수 있도록 하는 길을 열어준다.

참여하는 것

내가 성도들에게 가르치는 두 번째 것은 스스로 선교에 참여하도록 하는 것이다. 성도들이 직접적으로 선교지에 관여되고 있지 않다면 이들의 조달은 선교에 대한 진정한 열정이나 정성이 없어 매너리즘에 빠져 종종 시들게 된다. 결국 이들은 선교 참여를 중단할 것이다. 그래서 나는 모든 성도들의 선교 참여를 촉진하기 위하여 다음 세 가지를 행한다.

첫째, 나는 선교 지역을 방문하라고 권장한다. 우리는 보통 선교지 행사들을 준비하고 성도들이 참여하도록 적극적으로 권하고 있다. 우리가 선교지에서 세미나를 지원할 때 약 40명에서 60명의 성도들이 대개 참가자들을 섬기러 우리와 함께 간다. 우리가 1994년 러시아에서 "은혜 축제"를 편성했을 때구 소련연합 전역에 걸쳐 우리 졸업생들이 개척한 교회들로부터 10,000명 이상의 대표자들이 참석했다. 미국에 있는 모교회로부터 약 600명의 교인들이 휴가 기간과 돈을 내서 자원하여 식사를 준비하고 참석자들을 도움으로써 예수님의 사랑을 보여주었다. 이러한 노력의 결과로 은혜 교회 성도의 3분의 2 이상이 적어도 한 번 선교 지역을 방문하였다.

둘째, 나는 교회 성도들이 구체적으로 기도할 선교 지역을 선정한다.

셋째, 나는 교인들에게 선교지 교회를 재정적으로 지원하라고 촉구한다. 구 소련연합에서는 경제 상황 때문에 지방들 스스로 교회를 개척하기는 거의 불가능하다. 그래서 나는 우리 교회나 교회 밖의 다른 사람들로부터 새 교회들을 도울 후원자들을 모집하였다. 나는 이들에게 자신의 필요한 생활비를 삭감하여 2년 동안 한 교회에 한 달에 200달러를 보내도록 요청하였다.

결실을 맛보는 것

마침내 나는 우리 교회 성도들이 선교 사업의 결실을 맛볼 수 있음을 확신한다. 성취감은 성도들에게 동기부여를 하는 데 중요하다.

나는 고려해야 할 여러 선교 원리들과 항목들을 같이 나누었다. 나는 선교를 통한 세계 복음화의 비전에 계속적으로 당신의 기도를 부탁하고자 한다.

[15)]우리는 전적으로 재정을 지원하는 2,000명의 선교사를 파송하기 원한다. 우리는 한국에 선교사와 신학교 졸업생들을 교육할 훈련 기관을 설립하기 원한다. 우리는 미국 한인 2세들을 위한 비슷한 신학 기관을 설립하기 원한다. 또 우리는 다른 선교 단체들과 협력하기 원한다.

선교 사업은 쉬운 일이 아니다. 그러나 우리는 예수님께서 영광스럽게 돌아오실 때까지 이러한 신성한 명령을 수행하는데 우리의 최상의 노력을 투자해야 한다. 왜냐하면 이것은 주님의 마음이고, 이 땅의 모든 교회의 궁극적인 목적이기 때문이며, 이 세상의 그리스도인의 삶의 궁극적인 목적이 되기 때문이다.

---

15) 이 글은 1998년에 쓴 것이므로 가장 최근의 소식은 다음 글에서 확인할 수 있습니다.

은혜한인교회GKC : Grace Korean Church[16] 선교 역사

GKC 선교의 발자취는 우리로 하여금 선교의 본분을 깨닫게 하고, 세계선교 마무리를 위해 전진해 나가도록 도전하고 있다. 현재까지의 GKC 선교의 역사는 크게 3단계로 나누어 볼 수 있는데, 그 내용은 다음과 같다.

1. 선교의 개척 및 전개 (1982-1989년)

은혜한인교회는 1982년 김광신(David Kim)[17] 목사가 남가주 애너하임에서 35명의 성도들과 함께 창립하였다. 교회 창립 후 2개월 만에 괌에 첫 번째 선교사를 파송하였다. 이것이 선교의 시발점이 되었다. 교회 총 예산의 50% 이상을 선교에 사용하기로 결정하고, 세계선교에 집중적인 투자를 하였다.

1984년에 아프리카 감비아에 선교사를 파송했고, 멕시코에 의료 단기선교 활동을 하였다.

---

16) http://www.gmimission.org/about-us/history/#tab-1-1-korean
17) 대한민국의 부산에서 출생, 서울대학교 졸업(1961년, 영문학 학사), 탈보트 신학대학원 졸업(1982년), 바이올라 대학교 명예 신학 박사 (1994년), 1977년 8월 20일 거듭남

1986년부터는 본격적인 개척선교 활동을 시작했다. 독일 프랑크푸르트와 베네수엘라에 5명의 선교사를 파송했다. 선교를 재정적으로 후원하기 위해 '은혜실업인 선교회'를 발족시켰다.

1988년에는 독일과 오슬로에 선교사를 파송했다.

1989년에 볼리비아, 칠레, 베네수엘라에 선교사를 파송했다. 단기선교 활동으로는 유럽 입양아를 위한 단기선교를 하였고, 베네수엘라 아마존 정글 속에 사는 미전도 종족인 인디오 종족을 대상으로 단기선교를 실시했다.

이처럼 선교 초창기에는 유럽과 남미를 중심으로 개척선교를 하였다. 단기선교 활동은 성도들에게 선교의 열정을 심어주고 헌신자들을 발굴하는 계기가 되었다.

GKC 선교는 초창기부터 헌신의 피가 흘렀다. 베네수엘라의 김순성 선교사는 아마존 강의 급류로 인해 목숨을 잃음으로써 첫 번째 순직자가 되었다.

2. 선교의 확장과 부흥 (1990~1999년)

GKC 선교는 1990년부터 강력한 성령의 역사로 말미암아 5대양 6대주로 선교활동이 급속하게 번져나갔다. 은혜한인교회뿐만 아니라, 총회 산하 모든 자매 교회들이 협력하여, 집중적인 선교활동을 이루어 나갔다. 교회의 모든 성도들이 한 마음으로 선교에 동참하는 선교의 확장과 부흥의 시기이다.

1990년대 초 소련이 붕괴되자, 동구권 선교의 문이 열렸다. 오스트리아 비엔나에서 '핫도그 선교'를 함으로써 본격적으로 구소련 선교를 하기 시작했다. 1990년 7월 선교합창단을 구성하여 구소련에서 순회공연을 하며 복음을 전파했을 때, 놀라운 영혼구원의 결실이 맺혀졌다. 이를 계기로 구소련 여러 지역에 선교사들을 집중적으로 파송하기 시작했고, 구소련 선교에 총력을 기울였다.

구소련 선교가 확장되자, 이를 지원하기 위해 초교파적 후원단체인 '청지기 선교회'를 출범시켰다. 청지기 선교회의 발족은 성도들로 하여금 선교에 능동적으로 참여하고 헌신할 수 있도록 했다.

베네수엘라, 오스트리아, 헝가리, 일본 등에 선교사를 파송하며, 선교지의 범위를 넓히고 다양화시켰다. 이것은 명실상부한 세계선교의 발판을 마련하는 것이었다.

3억 인구의 구소련을 복음화하기 위해서는 신학교 사역이 절실히 필요했다. GKC는 1992년 3월, 모스크바에 신학교를 세우고, 스파르타식 교육을 통해 정예화된 현지인 사역자들을 배출하기 시작했다. 모스크바 신학교 졸업생들을 통해 구소련 전역에 수많은 교회가 개척되었다.

한편, 차세대 크리스천 지도자들을 길러내기 위해, 러시아 세인트 피터스버그에 영국의 이튼 고등학교와 같은 영재교육기관인 '김나제 그레이스'를 1994년 10월에 설립했다. 이 학교를 통해 영향력 있는 크리스천 지도자가 지속적으로 배출되고 있다.

　1993년과 1994년에는 러시아에 1만명 규모의 대형집회를 개최했다. 이 두번의 대형집회는 현지인 지도자들로 하여금, 구소련 선교에 헌신하도록 비전을 심어주는 계기가 되었다.

　GKC는 중국, 아프리카, 중남미 등에도 지속적으로 선교사를 파송했다. 선교사들의 사역을 통해 많은 현지인 동역자들이 양산되고, 곳곳에 수많은 교회들이 개척되었다. 특히, 선교지에서의 T.D. 사역은 지속적으로 헌신자들이 배출되도록 함으로써 선교의 확산과 부흥을 이루는 원동력이 되고 있다.

3. 선교의 연합과 미전도 종족의 선교 (2000년-현재)

　2000년 이후 지금까지 총회 산하 모든 교회들은 지속적으로 선교사를 파송하고 있다. 현재 65개국에 448명의 선교사들이 현지인 동역자와 함께 복음을 전하고 있다.

　2001년에는 타지키스탄의 두샨베 교회에 이슬람 급진주의자들이 폭탄을 설치하여, 예배 도중 폭발하여 9명이 순직하였다.

　은혜한인교회는 2004년에 9월 김광신 목사가 은퇴하고 후임

자가 교회와 선교 사역을 이어가고 있다.

선교의 열정은 변함없이 지속되고 있으며, 선교의 지경은 나날이 확장되고 있다. 김광신 목사는 2007년 한국에 GMI 선교사 훈련원을 세웠다. GMI 선교사 훈련원은 초교파적으로, 양질의 선교사가 훈련받고, 선교사 파송이 체계적으로 이루어지도록 하는데 중점을 두고 있다. GMI 훈련원을 졸업한 선교사들은 전세계에서 사역을 잘 감당하고 있다.

GMI의 미래 선교 방향은 다음과 같다

첫째, 총회 산하 64개 자매 교회들이 연합하여 주님의 지상명령을 수행해 나가는 것이다. 즉, 연합 선교를 의미한다.

둘째, 제자화와 교회개척을 통한 영혼구원과 함께, 제자화에 의한 토착화(자립, 자치, 자전, 자신학화, 자선교학화)를 이루어 나가는 것이다.

셋째, GMI 선교는 종합적이고 총체적인 선교의 방향으로 나아가는 것이다. 즉, 이방인의 충만수와 온 이스라엘 구원을 위한 양방향선교(구심적 선교와 원심적 선교)를, 성육신적 선교를 통한 직·간접 선교를 함을 의미한다.

다섯 달란트 받은 자는
바로 가서
그것으로 장사하여
또
다섯 달란트를 남기고

마태복음 25:16

5

1인 기업가의
인생 경영

Chapter 5

1인 기업가의 인생 경영

Jesus Mission Academy
예수선교사관학교

새로운 피조물에 대한 계시를 바탕으로 말씀과 성령으로 구비된
승리하는 그리스도인, 하나님의 군대 장교를 배출하는 사역자 훈련 학교입니다
http://ejma.kr

5장
1인 기업가의 인생 경영

좋은 환경 속에서 일찍이 남보다 먼저 컴퓨터를 접하고 알게 된 빌 게이츠는 누구나 PC를 소유하게 될 시대가 올 것을 믿었습니다. 그는 PC에 필요한 운영 시스템인 윈도즈라는 프로그램을 개발하는 회사를 세워 지난 수십 년간 세계에서 가장 큰 부자가 되었습니다. 지금은 그는 빌과 멜린다 게이츠 재단을 통해 가난과 질병 퇴치라는 새로운 비전을 가진 비영리기관을 세워 일하고 있습니다.

이렇게 "사람들의 필요를 발견하고 채우는 일Find the need and fill it"은 모든 사람들의 경제 활동과 부를 이루는 사업의 성공 원리입니다. 사람들은 서로 "다른 사람의 필요를 채워주고 나의 필요를 채우는 행위"를 통해 사회를 이루고 살고 있습니다. 아무리 문명이 발달하고 기술이 향상되어도 여전히 이 원리를 따라 가치가 결정되고 거래가 이루어집니다.

이 원리는 경제 활동뿐만 아니라 대학 진학, 취업, 결혼에 이르기까지 모든 인생의 중요한 의사 결정에 적용됩니다. 좋은 회사에 취직하기 위해서 면접을 준비하는 사람은 회사에 기여하는 최고의 사원이 되겠다고 결의를 보이는 것보다는 자신이 회사가 찾고 있는 사람의 조건을 갖추고 있다는 것을 보여주면 될 것입니다.

티 엘 오스본 목사님은 "하나님께 응답되지 않는 기도 두 가지"는, 하나님께서 그리스도의 희생을 통해 이미 이루신 것을 하나님께 구하는 것과 하나님께서 우리에게 하라고 맡기신 일을 하나님께 구하는 것이라고 하였습니다. 이 너무나 단순한 사실을 깨닫지 못하여 하나님께서 응답하실 수 없는 기도를 하면서 하나님을 오해하고 원망하는 그리스도인들도 있습니다.

안타깝게도 재정 분야에서도 이와 비슷한 혼란과 오해로 말미암은 가난과 불필요한 고난이 있습니다. 성경에 분명하게 밝혀 놓은 것을 모르거나, 성경 말씀을 몰라서 교회의 전통이나 다른 사람의 잘못된 가르침을 믿음으로써 스스로 피해를 자초하기도 합니다. 마치 어린 아이가 부모의 보호와 공급을 믿고 걱정하지 않듯이 하나님의 자녀로서 우리는 아버지의 절대적인 보호와 공급하심을 믿을 수 있습니다. 이런 것은 아버지께서 당연히 더해 주실 일이므로 우리에게는 하나님의 나라와 그분의 의를 먼저 구하라고 하셨습니다(마 6:31-33).

바울은 하나님의 자녀들이 받은 기업의 풍성함과 부르심의 소망을 알기를 기도했습니다(엡 1:18). 뿐만 아니라 그는 만물이다 우리 것이며, 지금 것이나 장래 것이 다 우리의 것이라고 말했습니다(고전 3:21-22). 이렇게 모든 것이 우리의 것이요, 우리는 그리스도의 것이며, 그리스도는 하나님의 것입니다(고전 3:23). 이제 남은 문제는 우리가 어떻게 하나님의 자녀로서 하나님의 공급하심을 따라 이 땅에서 하나님의 일을 재정의 제한 없이 마음껏 잘 할 수 있느냐는 것입니다.

지금까지 우리는 창조와 번영의 원리, 심고 거두며, 주고 받는 원리와 같은 하나님께서 세우신 불변의 법칙을 알아보았습니다. 이제는 나를 신뢰하여 내게 맡겨주신 일을 어떻게 잘 할 수 있는지를 살펴볼 차례입니다. 이것은 하나님께서 내게 맡겨 주신 것이므로 나의 사명과 책임의 한계 안에서 경영해야 할 나의 사업입니다. 그러므로 이전 것이 하나님의 왕국 경영이었다면, 이것은 나의 인생 경영이라고 할 수 있습니다. 다섯 달란트와 두 달란트를 받은 종들은 "바로 가서 장사하여" 각각 다섯 달란트와 두 달란트를 남겼습니다(마 25:16-17). 우리의 인생은 주님으로부터 받은 모든 것으로 "사업"을 하여 이익을 남기도록 경영해야 하는 거룩한 책임과 기회입니다.

자기 개발과 자기 사업

1. 자신이 바로 하나님의 보물임을 믿으십시오

> 천국은 마치 밭에 감추인 보화와 같으니 사람이 이를 발견한 후 숨겨 두고 기뻐하며 돌아가서 자기의 소유를 다 팔아 그 밭을 사느니라
> 마 13:44

하나님은 사람들을 사랑하셔서 하나뿐인 아들을 내어 주시고 우리를 구원하셨습니다. 하나님의 자녀는 한 사람 한 사람이 하나님께 소중한 사람이며, 이 세상에서 하나님의 계획을 이루는 데 꼭 필요한 존재입니다. 하나님은 모든 사람이 하나님의 목적과 계획을 따라 살도록 창조하셨습니다. 그러므로 각 사람은 스스로도 이 세상에서 가장 값진 존재임을 깨달아야 합니다. 자신의 독특함, 유일무이함, 한 번뿐인 인생의 무한한 가치를 성경 말씀 그대로 인정하고 믿어야 합니다. 이것이야말로 각 사람이 발견해야 할 가장 중요한 보물입니다. 자신을 대체할 다른 사람은 없다는 것과 자신을 위해 하나님께서 예수님의 피로 값을 지불하셨으므로 자신을 그 이하로 저평가해서는 안 됩니다.

그러면 자신이 타고난 개성과 성향은 물론, 지금까지 자라난

환경과 경험한 것까지 모두 하나님께서 사용하실 수 있는 좋은 자산이라는 것을 인정할 수 있습니다. 하나님의 가족으로서 우리 모두는 이렇게 소중한 사랑을 받고 사랑하는 사람들입니다. 이것을 아는 것만으로도 누구나 자신이 이 세상에 꼭 필요한 사람이며 고유한 가치를 가지고 있다는 것을 확신할 수 있습니다.

2. 자신의 재능을 찾을 때까지 경험하고 시험해 보십시오

땅에 있는 보물은 발견했다 하더라도 복잡한 과정을 거쳐서 제련되고 가공되어야 보석으로 가치가 있습니다. 이와 같이 각 사람은 자신의 재능을 찾아서 세상에 유익한 것으로 개발해야 합니다. 마태복음 25장에 나온 달란트의 비유에서 종들은 자신이 주인으로부터 받은 것으로 사업을 하여 이익을 남겨서 주님께 돌려드릴 책임이 있었습니다. 한 달란트 받은 사람은 주인을 두려워하여 돈을 묻어 두었다가 그대로 돌려드림으로써 주인에게 큰 책망을 받았습니다.

자신에게 재능이 있다고 생각하지 않는 것, 재능을 찾아보지 않는 것, 찾은 재능을 사용하지 않는 것, 그 재능을 최대한 개발하지 않는 것은 하나님께 크게 책망 받을 일입니다. 우리는 일을 하면서 자신의 능력을 발견하고 최대로 발전시켜서 회사에 기여합니다. 우리는 일을 하면서 자연스럽게 만난 사람들에게 주님을 소개할 수 있는 관계를 만들 수 있으며 그리스도의 향기를 발할 수 있습니다.

자기가 좋아하고 보람을 느끼고 회사나 세상에 필요한 분야를 발견했으면 그 분야에 대한 자신의 능력을 개발해야 합니다. 가장 좋은 방법은 직접 삶의 현장에서 경험하는 것이지만, 경험으로 모든 것을 배우기에는 시간의 한계가 있으므로 간접 경험을 확대해야 합니다. 최고의 간접 경험은 독서입니다. 인터넷을 통해서 얻는 지식은 단편적이고 신뢰할 수 없는 것이 많습니다. 그러나 좋은 책은 여전히 시간을 절약해 주고 새로운 관점과, 영감을 주는 아이디어와 통찰력을 길러주는 최고의 도구입니다.

3. 시간을 낭비하지 말고 부지런히 공부하십시오

왜 시간을 낭비하게 되거나 자신의 목적을 위해 유익하게 사용하지 못할까요? 날이 밝기를 기다리게 하는 가슴 뛰는 비전이 없기 때문입니다. 어렸을 때 소풍가기 전날 잠을 설쳤던 기억처럼 사람들은 희망을 품고 살아갑니다. 더 나은 미래를 미리 보는 것이 비전이며 하나님이 내게 주신 비전은 나의 심장을 뛰게 합니다. 꿈을 이루기 위해서는 매일 지속적으로 성경을 묵상하고, 기도하며, 공부하고, 일해야 합니다. 왜 공부해야 합니까?

"네 하나님 여호와를 기억하라 그가 네게 재물 얻을 능력을 주셨음이라"(신 8:18). 하나님은 우리에게 돈을 만들어 주시지 않고 돈을 벌어서 재물을 마련할 수 있는 지혜를 주시기 때문입니다. 재물 얻을 능력이 지혜라는 것은 잠언을 조금만 읽어보면 바로 알 수 있습니다.

> 너희는 은을 받기보다는 내 훈계를 받고, 금을 선택하기보다는 지식을 선택하여라. 참으로 지혜는 진주보다 좋으며, 네가 갖고 싶어하는 그 어떤 것도 이것과 비교할 수 없다.
> 잠 8:10-11 새번역

> 내게는 지략과 건전한 지혜가 있으며, 명철과 능력이 있다. 내 도움으로 왕들이 통치하며, 고관들도 올바른 법령을 내린다. 내 도움으로 지도자들이 바르게 다스리고, 고관들 곧 공의로 재판하는 자들도 올바른 판결을 내린다.
> 잠 8:14-16 새번역

> 나는, 나를 사랑하는 사람을 사랑하며, 나를 간절히 찾는 사람을 만나 준다. 부귀와 영화도 내게 있으며, 든든한 재물과 의도 내게 있다.
> 잠 8:17-18 새번역

> 날마다 나의 문을 지켜 보며, 내 문설주 곁에 지키고 서서, 내 말을 듣는 사람은 복이 있다. 나를 얻는 사람은 생명을 얻고, 주님께로부터 은총을 받을 것이다.   잠 8:34-35 새번역

잠언 8장과 9장은 지혜가 하는 말입니다. 이런 지혜를 어떻게 얻을 수 있겠습니까? "지식이 없는 열심은 좋은 것이라 할 수 없고, 너무 서둘러도 발을 헛디딘다"(잠 19:2). 지식을 얻기 위해 열심히 공부하고 배운 것을 적용하여 열매를 맺는 지혜를 구해야 합니다. 남을 보고 흉내 내거나 방법을 배워서 따라한다고 되는 것이 아닙니다. "지혜가 으뜸이니, 지혜를 얻어라. 네가 가진 모든 것을 다 바쳐서라도 명철을 얻어라"(잠 4:7). 유대인들은 "침대를 팔아 책을 사라"고 한다는데 젊을수록 욕망과 쾌락을 절제하고 공부하고 훈련하는데 시간과 돈을 투자해야 합니다. 집을 장만하는 것은 돈으로 할 수 있지만 행복한 결혼 생활과 가정을 이루는 데는 지혜가 필요합니다. 진실한 사랑과 헌신, 좋은 태도와 소통의 기술이 필요합니다.

> 집은 지혜로 지어지고, 명철로 튼튼해진다. 지식이 있어야, 방마다 온갖 귀하고 아름다운 보화가 가득 찬다.   잠 24:3-4 새번역

악인은 불의의 이익을 탐하나 의인은 그 뿌리로 말미암아 결실하느니라.   잠 12:12

성실하게 살아가는 사람은 많은 복을 받지만, 벼락부자가 되려고 급히 서두르는 사람은 징벌을 면하기 어렵다.

잠 28:18 쉬운말

4. 전문가가 되십시오

너는 네 양떼의 상태를 주의 깊게 살피고, 네 가축 떼를 정성껏 보살펴 주어라. 그 까닭은 이러하니, 현재의 재물은 영원토록 네 곁에 있는 것이 아니며, 집안의 면류관도 대대로 이어지는 것이 아니기 때문이다. 그러나 가축 떼를 먹일 풀은 그렇지 아니하니, 풀은 벤 뒤에도 새 풀이 다시금 자라나는 법, 너는 산에서 계속 꼴을 마련할 수 있을 것이다. 그러면 너는 양털을 깎아 옷을 지어 입을 수 있고, 염소를 팔아 밭을 마련할 수도 있다. 뿐이랴! 염소의 젖은 넉넉하여 너와 네 집의 식구들뿐 아니라, 네 집의 여종들까지도 배불리 먹일 수 있을 것이다.

잠 27:23-27 쉬운말

> 네가 자기의 일에 능숙한 사람을 보았느냐 이러한 사람은 왕
> 앞에 설 것이요 천한 자 앞에 서지 아니하리라 잠 22:29

유목민족이었던 이스라엘 민족 가운데는 좋은 목자의 모델들이 있지만 그 중에서 야곱과 다윗은 가장 뛰어난 목자였습니다. 그들은 자기 일에 능숙한 사람이 어떻게 번영하며 하나님과 사람들에게 인정받는지를 보여 주었습니다. 무슨 일을 하든지 세심하게 관찰하고 배우며 지혜를 구하고 열정을 쏟아 일하면 반드시 좋은 결과가 나타날 것입니다.

5. 자신의 인생을 경영하십시오

우리는 이 땅에서 주님의 큰 계획 가운데 한 부분을 맡아 하나님의 나라의 일을 하는 "왕국의 경영사"입니다. 뿐만 아니라 사람은 누구나 자신의 인생을 경영해야 합니다. "인생 경영"이란 자신에게 주어진 유한한 시간과 기회를 활용하여 배운 지식과 기술을 사용하여 세상에 필요한 제품이나 서비스를 제공함으로써 수입을 창출하고 자신의 만족과 기쁨을 누리며 삶의 의미를 찾는 행위입니다.

인생을 경영이란 개념으로 보면 우리는 더 분명한 목표를 세우게 됩니다. 분명한 목표가 있으면 자신의 자원을 어떻게

분배하여 사용할 것인지 더 잘 계획할 수 있습니다. 막연한 소망이나 희망 사항이 아니라 분명한 목표가 정해지고 데드라인이 정해지면 목표를 위해 모든 노력을 집중할 수 있습니다. 대부분의 사람들은 분명한 목표가 없이 막연한 꿈과 소원만 가지고 살아갑니다. 인생의 목표는 티셔츠에 새길 수 있을 만큼 간단하고 명확해야 하며, 분명하고 정확하게 글로 써서 볼 수 있도록 해야 합니다.

목표를 글로 써서 눈에 잘 띄는 곳에 붙여 놓았으면 계획을 세워야 합니다. 누군가 "대부분의 사람들은 자신의 인생보다는 여름휴가 계획을 세우는데 더 많은 관심과 시간을 들인다"고 말했습니다. 그들은 너무나 근시안적이고 당장 눈앞에 있는 쾌락을 중심으로 목표 없는 인생을 살고 있는 사람들입니다. 먼저 중장기 계획을 세우고, 이에 따라 매월 매주 작은 목표와 세부 계획을 세워서 매일 실천해야 합니다. 계획대로 해야 할 일을 매일 꾸준히 지속적으로 행한다면 목표를 달성할 수 있을 것입니다.

이렇게 매일 일을 하는데 필요한 것은 능력입니다. 능력을 기르기 위해서는 자신의 강점을 파악하고 개발해야 합니다. 학교 교육 이외에도 어떤 분야든지 끊임없이 책을 읽고 공부하며 경험을 통해 배워야 합니다. 이렇게 지식이 많이 쌓이면 통찰력이 생깁니다. 통찰력이 있는 사람만이 기회를 볼 수 있는 눈으로 기회를 잡을 수 있습니다. 자신의 시간을 잘 관리하여 실력을 갖추면 마침내 스스로 독립하여 자기 사업을 하거나, 자신이 좋아하고 삶의 보람과 의미를 느끼는 새로운 일을 하면서 살 수 있습니다.

6. 자신의 사업을 하십시오

> 땀 흘려 자기 밭을 열심히 일구는 사람은 넉넉한 양식을 얻을 것이지만, 욕심껏 허망한 꿈만 좇는 사람은 가난에 찌들게 될 것이다.   잠 28:19 쉬운말

> 자기의 토지를 경작하는 자는 먹을 것이 많거니와 방탕한 것을 따르는 자는 지혜가 없느니라 악인은 불의의 이익을 탐하나 의인은 그 뿌리로 말미암아 결실하느니라   잠 12:11-12

급변하는 기술과 세상의 변화로 말미암아 이제는 평생직장이라고 할 만한 한 가지 직업을 가지고 사는 사람은 많지 않습니다. 그러므로 끊임없이 배우고 훈련하여 회사가 꼭 필요한 사람이 되어야 하며, 어떤 이유로든지 회사를 그만두게 되면 언제든

지 새로운 일을 할 수 있도록 준비해야 합니다. 누구나 다 언젠가는 회사를 그만두어야 하기 때문에, 회사에 출근하는 사람은 누구나 다 언젠가는 자기만의 일 즉 자기 사업을 함으로써 자신이 주인이 되어 평생 퇴직을 당하거나 은퇴하지 않고 살 수 있도록 준비해야 합니다.

이런 생각을 가지고 사는 사람은 직장을 자신의 재능을 발견하고 자신의 실력과 기술을 발전시키며 대인관계의 기술과 리더십과 경영의 기술을 배우는 학교로 생각합니다. 회사를 위해 자신이 기여할 뿐만 아니라 회사가 자신의 실력을 키울 수 있도록 일터와 기회를 제공해 주는 것으로 인식합니다. 이런 사람은 사원이지만 사장의 태도를 가지고 주인의식을 가지고 일합니다. 그는 관찰하고 배우는 능력도 탁월하게 되어 더 좋은 성과를 내는 신뢰받는 직원이 됩니다. 그는 자기 기업을 소유하고 경영하는 사장이 되려는 목표가 있으므로 모든 것을 사장 수업으로 받아들이며 열정과 끈기를 가지고 일할 수 있습니다. 이런 준비를 한 사람은 마침내 자신이 좋아하고 세상에 필요한 상품이나 서비스나 컨텐츠를 생산하는 1인 기업가가 될 수 있습니다. 인생은 자신이 관리하고 경영해야 하는 사업과 같기 때문입니다.

재정적인 자유와 능력을 갖추기 위해 꼭 정복해야 할 세 가지

재정 분야의 형통을 누리지 못하는 그리스도인들은 기본적인 자기 관리도 되지 않는 경우가 많습니다. 그들은 심지 않고 거두려고 하거나, 게을러서 일하지 않거나, 유행과 광고를 따라 분수에 지나치게 돈을 쓰는 사람들입니다. 모처럼 직장을 구해도 갈등과 어려움을 이기지 못하거나, 지식은 있어도 훈련이 너무나 부족한 사람들입니다.

솔로몬은 성경이 말하는 가장 지혜롭고 부요한 자로서 아버지의 소원대로 성전을 건축하였습니다. 그의 지혜는 전도서, 잠언, 아가Song of songs, 노래들 중에 노래에 잘 나타나 있습니다. 특히 잠언을 통하여 솔로몬은 다윗 왕의 아들로서 아버지로부터 배운 가정의 교훈은 물론, 스스로 공부하고 경험했던 모든 시대의 지혜를 기록하였습니다. 그러므로 잠언은 여전히 인류에게 주어진 최고의 자녀교육 지침서이며, 누구나 연마해야 하는 바른 성품 교과서입니다. 또한 잠언은 세상에서 사람들과 함께 일하는 리더십과 사업에 꼭 필요한 원리를 담고 있습니다. 특히 사업을 하는 사람들에게 매우 실제적인 지혜가 가득한 책입니다. 이 땅에서 그리스도의 대사로서 경제적 자유를 누리며 시간을 가장 중요한 일에 사용하기 위해 꼭 정복해야 하는 것을 세 가지로 나누어 살펴 보겠습니다.

첫째, 돈을 위해 일하지 말고 돈을 종으로 부리기 위해 일하십시오

세상은 부자들이 권세를 행사하고 가난한 사람들을 다스리고 있지, 도덕적으로 탁월한 사람이 다스리고 있는 경우는 드뭅니다. 왜냐하면 부자들은 많은 사람들에게 영향을 끼치며 자신의 목적대로 사람을 부릴 수 있을 만큼 충분한 돈을 가지고 있기 때문입니다. 돈은 매우 효과적이며 충실한 종입니다. 돈은 누가 사용하든지 그 사람의 목적을 이루며 그 가치를 나타냅니다. 그러므로 돈에 대하여 성경이 가르치는 대로 정확히 알아야 지혜롭고 충성된 청지기가 될 수 있습니다.

1. 빚을 지지 마십시오

우리는 말씀대로 살 수 있고 말씀이 약속한 모든 것을 누릴 수 있는 하나님의 자녀의 기업을 물려받았습니다. 그러나 우리가 세상에서 빚을 지고 산다면 스스로 빚을 갚을 때까지는 재정적으로 자유가 없습니다. 죄의 값은 주님이 갚아 주셨지만 내가 진 빚까지 주님이 갚아 주실 것을 기대할 수는 없습니다. 자신이 진 빚은 자신이 갚아야 합니다. 빚을 갚지 못하면 채권자에게는 신용을 잃고 사회에서도 결국 신용불량자가 되어 경제활동에 심각한 제약을 받습니다.

> 부자는 가난한 자를 주관하고 빚진 자는 채주의 종이 되느니라
> 잠 22:7

> 너는 사람과 더불어 손을 잡지 말며 남의 빚에 보증을 서지 말라 만일 갚을 것이 네게 없으면 네 누운 침상도 빼앗길 것이라 네가 어찌 그리하겠느냐
> 잠 22:26-27

> 남의 보증을 선 사람은 자기의 옷을 잡혀야 하고, 모르는 사람의 보증을 선 사람은 자기의 몸을 잡혀야 한다.   잠 20:16 새번역

> 내 아들아 네가 만일 이웃을 위하여 담보하며 타인을 위하여 보증하였으면 네 입의 말로 네가 얽혔으며 네 입의 말로 인하여 잡히게 되었느니라 내 아들아 네가 네 이웃의 손에 빠졌은즉 이같이 하라 너는 곧 가서 겸손히 네 이웃에게 간구하여 스스로 구원하되 네 눈을 잠들게 하지 말며 눈꺼풀을 감기게 하지 말고

> 노루가 사냥꾼의 손에서 벗어나는 것 같이, 새가 그물 치는 자의 손에서 벗어나는 것 같이 스스로 구원하라   잠 6:1-5

어떤 빚도 지지 말아야 하지만 빚을 졌다면 일해서 돈을 벌고 최대한 저축을 해서 갚아야 합니다. 지금 빚을 지고 있지 않더라도 저축한 여유 돈을 가지고 있지 않은 사람은 언제든지 가족이 아프거나 갑자기 사고가 나면 빚을 질 수 있습니다. 그러므로 반드시 적절한 비상금을 저축해 두고 손을 대지 않는 것이 지혜롭습니다.

자신의 빚은 없어도 가족이나 친구의 재정보증을 서는 일은 스스로 빚을 지는 것보다 더 위험합니다. 인정이 많은 한국인들에게 이것은 매우 어렵지만 성경은 철저하게 그 위험성을 경고하고 있습니다. 주님은 주님을 따르며 제자가 되려고 하는 사람이 죽은 아버지의 장사를 지낸 후에 따르는 것도 허락하지 않으셨습니다. 주님의 제자로 살아가는 데 가족은 때때로 가장 큰 장애물이 될 수 있습니다. 부모나 형제나 자녀를 주님보다 더 사랑하는 것도 하나님의 나라에 합당하지 않다고 하셨습니다. 하나님의 말씀을 지키는 것은 이 세상의 어떤 사람과의 의리와 인정보다 우선입니다. 우리는 다른 사람의 삶이나 사업에 따르는 위험까지 책임질 수 없습니다. 그러므로 빚보증을

서는 것은 나의 인생을 다른 사람에게 맡기는 위험하고 어리석은 행위입니다.

2. 부지런히 일하여 수입을 늘리십시오

> 부지런한 자의 경영은 풍부함에 이를 것이나 조급한 자는 궁핍함에 이를 따름이니라　　　　　　　　　　　잠 21:5

> 네가 자기의 일에 능숙한 사람을 보았느냐 이러한 사람은 왕 앞에 설 것이요 천한 자 앞에 서지 아니하리라　　잠 22:29

> 부지런한 자의 손은 사람을 다스리게 되어도 게으른 자는 부림을 받느니라　　　　　　　　　　　　　　　잠 12:24

잠언은 사람들을 지혜로운 자와 어리석은 자, 부지런한 자와 게으른 자로 구별하고 있습니다. 여기서는 부지런함과 게으름만 살펴보겠습니다. 부지런한 사람은 목표를 세우고 계획한 것을 실행함으로써 번영합니다. 그는 자신의 꿈을 이루기 위해 부지런합니다. 그는 자기가 맡은 일에 능숙한 전문가가 되도록 능력을 발전시켜서 사람들에게도 인정을 받습니다.

> 게으른 자여 개미에게 가서 그가 하는 것을 보고 지혜를 얻으라 개미는 두령도 없고 감독자도 없고 통치자도 없으되 먹을 것을 여름 동안에 예비하며 추수 때에 양식을 모으느니라 게으른 자여 네가 어느 때까지 누워 있겠느냐 네가 어느 때에 잠이 깨어 일어나겠느냐 좀더 자자, 좀더 졸자, 손을 모으고 좀더 누워 있자 하면 네 빈궁이 강도 같이 오며 네 곤핍이 군사 같이 이르리라   잠 6:6-11

잠언 6장에서 빚에 대한 강력한 경고를 한 후에 바로 이어서 아버지는 자녀에게 젊은 날에 게으르지 말고 부지런히 일하라고 훈계합니다. 바로 오늘이 내일을 위해 씨앗을 뿌릴 가장 좋은 때입니다. 때를 기다리며 환경을 핑계하며 봄에 씨를 뿌리지 않는 사람은 가을에도 거둘 것이 없을 것입니다. 게으른 사람은 기회가 찾아와도 기회를 볼 수 있는 눈도 잡을 수 있는 능력도 없습니다.

> 게으른 사람은 아무리 바라는 것이 있어도 하나도 얻지 못하지만, 부지런한 사람은 자기가 바라는 대로 모든 것을 넉넉하게 얻는다.   잠 13:4 쉬운말

게으름뱅이는 씨 뿌릴 때가 되어도 밭을 갈지 않으니, 추수할 때가 되어도 거두어들일 것이 없다.　　　　잠 20:4 쉬운말

하나님께서는 처음부터 아담과 하와에게 땅을 경작하고 지키라는 임무를 주셨습니다. 그러나 그들이 죄를 지은 후에는 땅도 저주를 받아 곡식을 심고 가꾸지 않으면 잡초만 저절로 자라게 되었습니다. 게으른 자의 포도밭처럼 사람은 하나님께서 심어 주신 하나님의 형상을 회복하고 주신 재능을 개발하지 않으면 좋은 열매를 거두지 못합니다.

언젠가 내가 게으른 사람의 밭과 지각이 없는 사람의 포도밭을 지나간 적이 있었다. 그때에 내가 보니, 그 밭에는 가시덤불이 우거져 있었고, 그 땅에는 잡초만 무성하게 자라나고 있었으며, 돌담도 여기저기 허물어져 있었다. 그런 꼴을 보고서, 나는 마음속으로 곰곰이 생각했고, 마침내 소중한 교훈을 배웠다. 그렇다! "조금만 더 자야지, 조금만 더 눈을 붙여야지, 조금만 더 팔을 베고 누워 있어야지!" 하면, 그런 사람에게는 가난이 강도처럼 들이닥치고, 궁핍이 군사처럼 몰려올 것이다.

　　　　　　　　　　　　　　　　　잠 24:30-34 쉬운말

이런 말씀들은 모두 가난의 원인이 게으름 때문이라고 합니다. 물론 일할 땅도 기회도 자유도 없는 독재 국가나 봉건사회에 태어난 종들은 예외입니다. 자유로운 경제 활동과 개인의 자유가 보장된 시장 경제 체제 아래 산다면 게으름에 대한 다른 변명은 할 수 없습니다. 게으름에 대한 말이 부지런하라는 말보다 이렇게 많은 것은 인간의 육신의 타락한 본성 때문일 것입니다.

> 게으른 자는 "길에 사자가 있다!" 또는 "저 문 밖 거리에 사자가 어슬렁거린다!" 하면서, 일하러 나가지 않을 핑계만 댄다. 문짝이 돌쩌귀에만 착 달라붙어 돌아가듯이, 게으른 자는 이부자리에만 착 달라붙어 이리저리 뒹군다. 게으른 자는 밥그릇에 손을 넣고서도, 그 밥을 떠서 입에 넣는 것조차 귀찮아한다. 게으른 자는 분별력 있게 대답을 잘 하는 일곱 사람보다도 자신이 더 지혜롭다고 여긴다. 　　　잠 26:13-16 쉬운말

> 게으름뱅이의 욕심은 자기 자신을 죽이기까지 하니, 그 까닭은 죽도록 손 놀리기를 싫어하기 때문이다. 　　　잠 21:25 쉬운말

> 게으름이 사람으로 깊이 잠들게 하나니 태만한 사람은 주릴 것이니라 　　　잠 19:15

누워 잠자기를 좋아하면 가난해지고, 깨어 일하기를 좋아하면 먹을 것이 넉넉하게 생긴다　　　　　　　잠 20:13 쉬운말

손을 게으르게 놀리는 자는 가난하게 되고 손이 부지런한 자는 부하게 되느니라 여름에 거두는 자는 지혜로운 아들이나 추수 때에 자는 자는 부끄러움을 끼치는 아들이니라　　잠 10:4-5

잠자기를 좋아하는 것은 게으른 자의 대표적인 특징입니다. 잠을 충분히 자는 것은 당연히 필요하지만 문제는 분명한 비전이 없는 것입니다. 분명한 비전이 없으면 뜨거운 열정도 없으므로 일찍 일어날 만큼 스스로 동기가 부여되지 않습니다.

묵시가 없으면 백성이 방자히 행하거니와 율법을 지키는 자는 복이 있느니라　　　　　　　　　　　　　　　잠 29:18
Where there is no prophetic vision the people cast off restraint, but blessed is he who keeps the law [ESV]

3. 현금 봉투와 최소한의 신용카드만 사용하여 수입 이상 지출하지 마십시오

> 향락을 좋아하는 사람은 가난하게 되고, 술과 기름을 좋아하는 사람도 부자가 되지 못한다. 　　잠 21:17 새번역

> 술을 즐겨 하는 자들과 고기를 탐하는 자들과도 더불어 사귀지 말라 술 취하고 음식을 탐하는 자는 가난하여질 것이요 잠자기를 즐겨 하는 자는 해어진 옷을 입을 것임이니라
> 　　잠 23:20-21

돈도 충분하지 않고 꼭 필요한 것이 아닌데도 할부로 충동구매를 하면 빚을 진 자가 됩니다. 빚을 지는 근본 원인은 욕망을 억제하지 못하기 때문입니다. 아담과 하와가 먹거리가 그렇게 풍성한데도 선악과 먹기를 탐해서 죄를 지었듯이 육체의 욕망은 이렇듯 강력한 마귀의 통로입니다. 수입이 적어도 빚을 지지 않고 살아가는 가장 확실한 방법은 가지고 있는 돈으로만 사는 것입니다. 지출을 최대한 줄이는 방법은 카드를 없애고 현금 봉투를 사용하는 것입니다. 수입에서 제일 먼저 십일조를 구별하고, 저축할 돈을 저축하고 나서, 나머지 돈을 현금으로 봉투에 넣는

것입니다. 주거비, 식비, 교통비, 도서비, 잡비 등 꼭 필요한 최소한의 예산을 각각 봉투에 나누어 넣고 그 돈으로 한 달을 사는 것입니다.

이것은 절대 여러 장의 카드를 쓰는 사람은 할 수 없는 방법입니다. 반드시 현금으로 예산을 세워서 봉투에 돈이 있는 만큼만 쓰고 다 쓰면 쓸 수 없습니다. 이렇게 하면 수입 이내에서 살 수 있을 뿐만 아니라, 아무리 가난해도 십일조를 드릴 수 있고 매월 목표대로 저축할 수 있습니다. 신용카드를 사용하면 당장 돈이 없어도 할부라는 이름의 빚을 지고 높은 이자를 지불하며 자신에게 과분한 사치를 하는 충동구매를 하기 쉽습니다. 그러므로 신용카드는 꼭 필요하고 편리하게 쓰는 한 장만 남겨두고 다른 카드는 다 없애야 합니다. 신용카드가 많은 것은 수입 이상으로 지출하는 것을 인식하지 못하는 원인이 됩니다. 원하는 것을 빨리 얻는 잠깐의 자기만족은 도둑처럼 다가오는 가난의 검은 그림자를 보지 못하게 합니다. 월부와 한도를 넘는 소비 생활로 자칫 만기라도 넘기면 엄청난 이자가 소리 없이 붙습니다.

대부분의 미국 사람들은 처음 구입하는 자동차에서부터 새 차를 할부로 삽니다. 새 자동차는 구매하는 순간 수백만 원 가격이 떨어진 중고차가 됩니다. 우리나라처럼 대중교통이 편리한 나라에서는 얼마든지 차량구매를 늦출 수 있습니다. 차를 사는 것은 차량 비용과 함께 보험료와 유지비를 비롯하여 많은 지출을 발생시키고 소비 패턴을 악화시킵니다. 미국에서는 결혼할 때 20~30년 담보대출로 집을 사므로 엄청난 이자를 지불하며 살아갑니다. 요즘에는 대학 공부마저 정부에 빚을 지고 공부하여 졸업 후 취직하면서부터 빚을 갚는 청년들도 많다고 합니다. 자동차와 집을 빚으로 산 사람들이 TV도 사 놓고 저녁 시간을 보내면 엄청난 세일 광고의 유혹에 노출되어 불필요한 지출을 하게 됩니다. 이런 소비자들은 수입이 늘어도 밑 빠진 독에 물붓기가 되고 맙니다. 특히 지출 예산을 철저하게 세워서 지키지 않는다면 이런 새로운 제품과 화려한 옷이나 고급 레스토랑의 식사와 같은 유혹을 이겨내기가 매우 어렵습니다.

4. 철저하게 절약하고 저축하여 종자돈을 마련하십시오

빚을 다 갚았으면 반드시 자신의 수입 내에서만 지출하고 저축 목표를 정해서 꿈을 위한 종자돈을 마련해야 합니다. 돈을 벌기 위해 하기 싫은 일을 한다면 참 만족과 행복이 없을 것입니다. 가장 좋은 것은 하고 싶은 일을 하면서 충분한 수입도 된다면 큰 만족과 기쁨이 있을 것입니다. 이런 기회를 잡은 사람은 자신의 잠재력과 창의성을 최대한 개발할 수 있습니다. 그는 일을 하면서 오는 도전을 극복하는 것을 즐기며 반드시 성공합니다. 그는 다른 더 고귀한 목적에 기여하는 데서 오는 인생의 보람을 맛보며 기쁨을 누릴 수 있습니다. 이 모든 것은 저축으로 종자돈을 마련하고 있는 사람만이 가질 수 있는 꿈입니다. 이런 꿈을 진실로 간절히 원하는 사람들만이 소비의 유혹을 이기고 반드시 목표한 꿈을 위한 종자돈을 저축하는 데 성공합니다.

5. 미래를 위해 종자돈을 투자하십시오

성공하는 사람은 자신이 원하는 것을 꿈만 꾸는 사람이 아니라 꿈을 이루기 위해 계획을 세우고 하루하루 실천하는 사람입니다. 꿈의 성취는 씨앗을 심음으로 시작됩니다. 아무리 좋은 씨앗도 땅에 심어서 가꾸고 기다리지 않으면 30, 60, 100배의 열매를 수확할 수 없습니다. 아무리 좋은 꿈을 가지고 있어도 종자돈이 없으면 어떤 일도 할 수 없습니다. 농경사회에서는 씨앗을 심고 열매를 거두었듯이 자유 시장 경제와 자본주의 사회에서는 반드시 종자돈을 만들어 투자해야 합니다.

가장 기본적인 투자는 먼저 자기 자신에게 투자하는 것입니다. 무엇보다도 건강한 몸을 위해 영양이 좋은 음식을 먹고 꾸준히 운동을 하십시오. 건강을 위한 투자는 가장 중요하지만 젊을수록 무시하기 쉬워서 대부분은 건강을 잃은 후에야 깨닫습니다.

자신에 대한 투자의 핵심은 끊임없이 공부하는 것입니다. 분명한 자신의 목표를 가진 사람은 꿈을 이루는데 도움이 되지 않는 일에 시간과 돈을 낭비하지 않습니다. 졸업장이나 스펙을 갖추는 데 시간을 허비하면서 기회를 놓치지 마십시오. 세상은 너무나 빨리 변화하므로 학교에서 배우는 이론들만으로는 충분하지 않습니다. 삶의 현장에서 필요한 것들을 배우기 위해 학원, 세미나, 강의, 독서 모임에 참석하십시오. 세상에 필요하고 자신이 줄 수 있는 것을 찾아 끊임없이 공부하는 것은 자신에 대한 평생 멈출 수 없는 투자입니다.

이렇게 목표한 종자돈을 마련하였으면 전문가들의 도움을 받아서 주식이나, 사업이나, 아이디어를 상품화하는 데 종자돈을 투자해야 합니다. 고령화 시대에서 투자는 은퇴와 관계없이 평생 배우고 해야 하는 일이 되었습니다.

둘째, 정복자의 눈으로 보고 믿음의 말을 하십시오

1. 긍정적인 면을 보고 믿음의 말을 하는 사람의 말만 들으십시오

민수기 13-14장의 사건은 어떤 사건들보다 그 중요성과 의미가 큽니다. 열두 명의 정탐꾼이 똑같은 땅에 갔다 왔지만 열 명은 자신들의 두려움과 염려로 좋은 소식을 나쁜 소식으로 바꾸어 전했습니다. 그러나 여호수아와 갈렙은 사건의 심각성을 깨닫고 옷을 찢으며, 그들의 생각을 돌이키려 했습니다. 열 명이 퍼뜨린 두려움의 영은 즉시 모든 사람들에게 퍼져서 그들은 하나님을 원망하며 자신들의 처지를 한탄했습니다.

노예 생활에서 해방되어 약속의 땅 바로 앞까지 왔어도, 그들은 나쁜 소식을 전하는 사람들의 말을 듣고 두려움의 영에 사로잡혔습니다. 그들은 하나님을 원망하는 죄를 더하고 하나님의 사람 모세를 죽이려고 했습니다. 그 결과는 너무나 끔찍한 하나님의 심판이었습니다. 자신들의 말대로 그들은 그 땅에 들어가지 못하고, 광야에서 40년 한 세대가 다 찰 때까지 방황하다 죽었습니다. 홍해를 건넜던 사람들은 여호수아와 갈렙을 제외하고 아무도 가나안 땅에 들어가지 못하고 광야에서 죽었습니다.

부정적인 사람이나, 해결책보다는 문제점만을 보고 비판만 하는 사람의 말을 듣는 것이 믿음에 얼마나 치명적인지를 보여주는 사건입니다. 내가 보고 들은 것 중에서 무엇을 거절하고 무엇을 취할 것인지를 결정하는 것은 아무리 강조해도 지나치지 않습니다.

2. 좋은 책을 많이 읽으십시오

자신의 경험과 지혜로운 사람을 만나서 배우는 것 다음으로 시간과 돈을 절약해서 가장 많이 배울 수 있는 것이 좋은 책을 읽는 것입니다. 특별히 내가 바라는 꿈을 이룬 사람들의 전기나 배우고 싶은 분야의 책들을 많이 읽다보면 책을 고르는 안목이 생겨서 좋은 책을 찾아 읽을 수 있습니다. 좋은 책은 지식과 정보를 제공해 줄 뿐만 아니라 통찰력과 창의력을 주는 영감을 자극하여 영혼의 양식이 됩니다. 문제 해결을 위해 고심하다가 답이 되는 실마리를 찾기도 하고 새로운 사업이나 일에 대한 아이디어를 얻기도 합니다.

항공기의 퍼스트클래스 승객은 대부분 책이나 보고서를 읽는 반면에, 이코노미 좌석의 고객들은 대부분 영화를 보거나 게임을 하거나 잠을 잔다고 합니다. "퍼스트클래스 승객은 펜을 빌리지 않는다"[18]라는 책을 쓴 1등석 담당 스튜어디스가 발견한 3%의 성공 습관이라고 합니다. 창의적이고 좋은 아이디어를 메모하는 습관을 가진 사람들은 늘 메모할 준비가 되어 있습니다. 비행기에서 입국 카드를 적을 때 펜을 빌리는 사람은 대부분

---

18) 미즈키 아키코, "퍼스트클래스 승객은 펜을 빌리지 않는다"(중앙북스: 2013)

메모하는 습관이 없는 사람들일 것입니다. 아무리 좋은 영감과 아이디어일지라도 바로 메모해 놓지 않으면 곧 잊혀집니다. 그러므로 메모하는 습관은 성공하는 사람들이 가지고 있는 공통적인 중요한 습관입니다.

미국에서는 최하위 저소득층의 사람들이 고소득층의 사람들보다 TV를 보는 시간이 훨씬 더 많았다는 연구 보도도 있습니다. TV를 켜 놓는 시간이 많을수록 상품 광고에 노출되는 시간이 더 많으며, 광고에 더 많이 노출될수록 상품을 구매할 확률은 높아집니다. 이렇게 낭비된 시간이 낭비된 돈보다 훨씬 더 값진 것임은 두말할 필요도 없습니다.

3. 하나님의 말씀을 큰 소리로 고백하여 부정적인 내적 음성을 잠재우십시오

부정적인 사람들을 통해서 듣는 말뿐 아니라, 받은 정보를 내가 부정적으로 해석하고 걱정하고 염려하여 실제보다 더 비관적으로 생각하지 않도록 조심해야 합니다. 과거의 실패의 고통과 상처를 되새기거나, 미래에 실패하면 겪을 수 있는 고통과 위험을 상상하지 마십시오. 성공하는 사람들은 실패를 인정하지 않습니다. 실패가 아니라 새로운 것을 배웠을 뿐이며 성공에 한발 더 가까이 다가갔다고 생각해야 합니다. 에디슨의 말처럼 안 되는 방법 1000가지를 발견했을 뿐이지 실패를 한 것이 아닙니다. 전구의 발명은 1000번의 실패를 통해서 1000가지 새로운 사실을 배웠기 때문에 1001번째에 성공한 것입니다. 어떤 실패든지 배우는데 필요한 수업료라고 생각하고 새롭게 도전해야 합니다.

마귀가 가져다주는 부정적인 생각과 마음의 그림은 모두 사로잡아 그리스도 예수께 복종시켜야 합니다(고후 10:5). 이를 위해 가장 효과적인 방법은 하나님의 말씀을 선포하는 것입니다. 말씀을 반복해서 선포할 뿐만 아니라 말씀이 내 속에 풍성히 거하여 마침내 이런 생각이 들지 않을 때까지 영으로 기도하며, 선포하는데 시간을 많이 들여야 합니다. 특별히 혼자 있을 때에 부정적인 생각을 하지 않아야 합니다. 일상의 대화에서도 고백했던 대로 말을 하게 되어야 합니다. 다른 사람들과의 대화에서도 부정적인 말을 하거나 동의한다면 이제까지 한 고백은 모두 무효가 되며 마귀의 정죄와 고소도 힘을 얻게 됩니다.

4. 나의 성공과 믿음에 도움이 되는 사람들로 환경을 만드십시오

> 지혜로운 자와 동행하면 지혜를 얻고 미련한 자와 사귀면 해를 받느니라. 　　　　　　　　　　　　　　　　　잠 13:20

노를 품는 자와 사귀지 말며 울분한 자와 동행하지 말지니 그의 행위를 본받아 네 영혼을 올무에 빠뜨릴까 두려움이니라

잠 22:24-25

철이 철을 날카롭게 하는 것 같이 사람이 그의 친구의 얼굴을 빛나게 하느니라

잠 27:17

  사람은 어떤 사람과 어울리고, 어떤 책을 읽고, 어떤 영상을 보는지에 따라서 생각과 태도에 영향을 받습니다. 그래서 부모는 자녀들이 바른 성품을 갖도록, 어려서부터 바른 성품을 가진 친구를 사귀도록 도와줍니다. 재정의 성공을 이루려면 재정적으로 성공적인 삶을 살며 재정 관리를 잘 하는 사람들과 교제하십시오. 그들의 생각과 습관과 태도와 전체 시스템을 배우십시오. 나의 성공과 믿음에 도움이 되는 사람들과 교제할 수 있는 관계망은 삶의 단계마다 누구나 의도적으로 발전시켜야 하는 매우 중요한 일입니다.

  가정환경은 물론 유치원에서부터 선생님과 친구들은 사람이 태어나 자라는 환경입니다. "내가 배워야 할 모든 것은 유치원에서 배웠다"[19]라는 책 제목처럼 성장 환경은 어려서부터 중요합니다. 초등학교, 중고등학교, 대학의 친구들과 선생님들, 직장과

사회생활을 하면서 만나는 수많은 사람들이 바로 우리가 선택해서 좋은 관계를 만들어가야 할 사람들입니다.

5. 좋은 멘토를 찾아 본받으십시오

사람을 만나면 좋은 소식이든지 나쁜 소식이든지 들을 수밖에 없습니다. 그러므로 좋은 소식을 말하는 사람들만을 만나고, 나쁜 소식을 말하는 사람은 자신의 영혼을 위해 피해야 합니다. 특별히 내가 배우고 본받고 싶은 사람을 적극적으로 찾아 조언자와 멘토로 삼는 일은 매우 중요합니다. 책을 통해서 얻는 것과는 차원이 다른 것이 사람과의 만남입니다. 그런 사람을 찾아서 만나려면 약속을 하고, 교제하고 좋은 대화를 하는 진지한 노력이 필요합니다. 지속적인 멘토의 관계를 유지하기 위해서는 서로 신뢰할 수 있고 진정성이 있어야 합니다. 좋은 정보와 도움을 주는 사람, 경험과 경륜에서 나오는 통찰력으로 바른 조언을 해 줄 수 있는 사람, 나의 잠재력을 볼 수 있는 사람, 영감을 주며 격려해 주는 사람, 나의 꿈을 믿어 주는 사람을 만나는 것은 인생의 단계마다 필요합니다. 평생의 친구나 선배도 있으며,

---

19) Robert Fulghum, "All I Really Need To Know I Learned In Kindergarten" (Ballatine Books:1986)

먼저 사업이나 전문 분야의 꿈을 이룬 사람도 있으며, 내가 본받고 싶은 탁월한 섬기는 리더의 모델도 있습니다.

셋째, 자신을 주는 자로 인식하고 주면서 사십시오

남을 사랑하기 때문에 행하는 모든 일이 섬기는 일입니다. 사람을 섬기는 일 중에 제일 중요한 것은 가족을 섬기는 일입니다. 하나님의 일을 한다면서 가까운 가족이 제일 먼저 시간과 재정으로 희생되는 경우가 있습니다. 그러나 가정을 돌보거나 자녀를 가르치고 훈련하는 일은 부모의 책임이지 하나님께서 해 주시는 것이 아닙니다.

그리스도인의 가정은 이웃을 섬기는 그물이며 마차입니다. 성경은 구체적으로 손님을 접대하는 일과 복음을 위하여 수고하는 자들을 환영하고 후원하는 일을 독려하고 있습니다. 특히 사도행전에 보면 바울의 일행은 성도들의 집에서 그리스도인들의 모임을 가졌습니다. 그들은 가는 곳마다 복음을 전하여 구원받은 성도들을 제자로 훈련하여 그들의 집에서 모이는 교회를 세웠습니다. 집에서 모여 교제하고 제자로 훈련받고 다른 사람을 전도하여 제자로 삼았습니다.

가정이 교회로 모이는 곳이라면 일터는 자신의 능력과 창의력을 개발하고 사람들을 만나 교제하면서 수입을 얻는 곳입니다. 물고기를 잡는데 그물이 필요하듯이 우리는 사람을 낚는 어부로서 그물을 가지고 있습니다. 내가 알고 지내는 사람들이 나의 "그물"입니다. 원양 어선이 큰 그물을 준비하여 대양에서 참치나 연어를 잡듯이, 직장과 일을 통해 만나는 사람들은 더 많은 사람들을 사귈 수 있는 통로입니다. 그리스도인은 언제 어디서나 그리스도의 편지요 향기로서 사람들에게 주님을 대신하며 살고 있습니다.

1. 나의 인격과 사랑하며 섬기는 삶은 최고의 선물입니다

주님은 섬김을 받으려 하지 않으시고 섬기려고 오셨다고 말씀하셨습니다. 마침내 주님은 자신의 목숨을 십자가에서 내어놓고 인류의 구원자가 되셨습니다. 이처럼 그리스도인은 스스로를 세상을 위한 하나님의 선물로 인식해야 합니다. 우리가 줄 수 있는 것은 돈만이 아닙니다. 어른들은 풍부한 경험을 젊은이들과 나눌 수 있습니다. 여유있는 시간을 남을 섬기는 일에 사용할 수 있습니다. 가족에게 더 많은 관심과 우선순위를 확보해 주고 섬기는 것도 주는 것입니다. 좋은 성품과 이웃을 사랑하며 섬기는 것은 최고의 선물입니다. 주는 사람은 재능을 기부하고, 시간을 내어 섬기고, 관심을 표현하며, 외로운 사람에게 친구가 되어 주고, 넘어진 자에게 돕는 손길을 펼칩니다.

2. 효과적이고 충성된 종으로 돈을 사용하십시오

돈은 섬기기에는 부끄러운 주인이지만, 부리기에는 좋은 종입니다. 돈은 사용하는 사람의 태도에 따라 주인이 되거나 종이 됩니다. 자신의 욕망을 위해 사용하면 자기만족으로 끝나지만 남을 위해 사용하면 감사와 사랑을 표현할 수 있습니다. 다른 사람에게 돈을 주는 것은 나의 삶의 한 부분을 주는 것입니다. 그 돈을 벌기 위해 나의 재능과 시간의 상당한 부분이 사용되었습니다. 나의 시간과 재능과 삶을 다른 사람과 나누는 데는 제한이 많지만, 내가 일하여 번 돈을 주는 것은 그 사람이나 그 사업의 목적을 후원하는 가장 효과적인 방법입니다. 돈은 내가 갈 수 없는 곳에 나를 대신하여 보냄을 받아서 섬기는 심부름꾼입니다. 십일조와 헌금은 성도들이 자신이 섬기는 지역 교회의 사역에 참여하는 것이며 선교헌금은 해외에 있는 선교사의 사역의 은혜와 상급에 동참하는 것입니다.

3. 형편을 핑계 삼지 말고 심는 자로 자신을 인식하고 사십시오

> 주는 것이 받는 것보다 복되다고 하신 주님의 말씀을 기억해야 할지니라.
> 행 20:35

바울은 열두 제자들처럼 예수님을 직접 만난 것도 아닌데 왜 이 말씀을 인용했을까요? 이 말씀은 그리스도인들이 당연히 그렇게 생각하는 상식이었기 때문이었을 것입니다. 적은 수입에도 무엇이든지 철저하게 나누어 주고 베푸는 것은 가난한 자의 사고방식Poverty mindset이 뿌리를 내리지 못하도록 하고 형통한 자의 사고방식Prosperity mindset이 뿌리를 내리도록 합니다. 필자 부부는 일용할 양식과 필수품 정도로 살던 시절을 보내면서도 자녀에게 이런 사고방식을 심어주었습니다. 어려서부터 친구 집에 놀러 가서라도 우리 집과 서로 비교해서 상대적 빈곤감이 들지 않도록 했습니다. "네가 하고 싶은 것을 엄마 아빠가 돈이 없어서 못한 것이 있느냐"고 묻고 "없다"고 하면, 하나님 아버지의 공급하심과 부족함이 없이 살고 있는 것을 시인하도록 훈련했습니다.

4. 수입이 늘어도 지출을 정해놓고 단순한 삶을 추구하십시오

수입이 늘면 지출도 자연스럽게 늘지 않도록 평소에 단순한 삶의 방식을 훈련해야 합니다. 우리는 지금 수많은 광고에 노출되고 온라인으로 주문하여 택배로 당일 배송되는 사회에 살고 있습니다. 단순한 삶을 살지 않으면 좋은 뜻이 있어도 결국 실천하지 못하게 됩니다. 그렇게 되면 가시떨기에 떨어진 씨앗처럼, "세상의 염려와 재물의 유혹과 기타 욕심이 들어와 말씀을 막아 결실하지 못하게 되는 자"가 됩니다. 미국 월마트의 창업자 샘 월튼이나 세계적인 투자자 워렌 버핏 같은 사람들은 돈을 많이 번 것으로 유명하지만, 그에 비해 검소한 생활을 했던 것으로도 유명합니다.

가난의 저주와 부요함의 유혹

> 내가 두 가지 일을 주께 구하였사오니 내가 죽기 전에 내게 거절하지 마시옵소서 곧 헛된 것과 거짓말을 내게서 멀리 하옵시며 나를 가난하게도 마옵시고 부하게도 마옵시고 오직 필요한 양식으로 나를 먹이시옵소서 혹 내가 배불러서 하나님을 모른다 여호와가 누구냐 할까 하오며 혹 내가 가난하여 도둑질하고 내 하나님의 이름을 욕되게 할까 두려워함이니이다   잠 30:7-9

잠언의 아굴의 기도처럼 가난뿐만 아니라 형통함에도 따르는 위험이 있습니다. 가난의 저주는 영양실조, 영유아 조기 사망, 질병, 폭력, 비위생적인 환경, 교육받을 기회의 박탈 등으로 이어집니다. 물론 부요함에는 또 다른 유혹이 기다리고 있습니다. 그러나 지금 가난한 환경에 처한 사람도 거듭났으면 하나님의 자녀로서 자신의 기업을 누리며 번영하는 것이 하나님의 뜻입니다(요삼 1:2).

씨 뿌리는 자의 비유에서 주님이 말씀하신 것처럼 씨앗은 좋은 땅에 심겼을 때만 많은 열매를 맺습니다. 많은 열매는 먼저 하나님께 드릴 십일조가 되고, 가족의 양식이 되며, 내년 농사를 위한 씨앗으로 구별되고, 가난한 이웃과 나눌 수 있습니다. 그러나 마귀는 탐심을 통해 하나님을 잊고 교만한 자가 되도록 유혹합니다. 탐심은 우상 숭배이므로 하나님을 잊고 세상을 더 사랑하도록 유혹합니다.

이집트의 노예생활에서 해방되어 마침내 가나안 땅에 들어가기 전에 하나님은 모세를 통하여 이렇게 교훈하셨습니다. 그들이 들어갈 땅은 말씀하셨던 대로 "젖과 꿀이 흐르는 땅"이었습니다(신 8:1-10). 좋은 땅에 살게 되어서 그들은 당연히 하나님께 감사하며 찬양할 것이라고 하셨습니다.

> 네가 먹어서 배부르고 네 하나님 여호와께서 옥토를 네게 주셨음으로 말미암아 그를 찬송하리라　　　　　　　　　　신 8:10

그런데 하나님은 이어서 바로 "네 하나님 여호와를 잊어버리지 않도록 삼갈지어다"라고 경고하셨습니다.

> 내가 오늘 네게 명하는 여호와의 명령과 법도와 규례를 지키지 아니하고 네 하나님 여호와를 잊어버리지 않도록 삼갈지어다 네가 먹어서 배부르고 아름다운 집을 짓고 거주하게 되며 또 네 소와 양이 번성하며 네 은금이 증식되며 네 소유가 다 풍부하게 될 때에 네 마음이 교만하여 네 하나님 여호와를 잊어버릴까 염려하노라　　　　　　　　　　신 8:11-14

끝으로 하나님은 여호와를 잊어버리고 다른 신들을 따라 그들을 섬기며 그들에게 절하면 반드시 멸망할 것이라고 경고하셨습니다.

> 그러나 네가 마음에 이르기를 내 능력과 내 손의 힘으로 내가 이 재물을 얻었다 말할 것이라 네 하나님 여호와를 기억하라 그가 네게 재물 얻을 능력을 주셨음이라 이같이 하심은 네 조상

들에게 맹세하신 언약을 오늘과 같이 이루려 하심이니라 네가 만일 네 하나님 여호와를 잊어버리고 다른 신들을 따라 그들을 섬기며 그들에게 절하면 내가 너희에게 증거하노니 너희가 반드시 멸망할 것이라 여호와께서 너희 앞에서 멸망시키신 민족들 같이 너희도 멸망하리니 이는 너희가 너희의 하나님 여호와의 소리를 청종하지 아니함이니라 신 8:17-20

사도 바울도 디모데에게 쓴 편지에서 돈을 다루는 지혜에 관하여 이렇게 가르쳤습니다.

그러나 자족하는 마음이 있으면 경건은 큰 이익이 되느니라 우리가 세상에 아무것도 가지고 온 것이 없으매 또한 아무것도 가지고 가지 못하리니 우리가 먹을 것과 입을 것이 있은즉 족한 줄로 알 것이니라 부하려 하는 자들은 시험과 올무와 여러 가지 어리석고 해로운 욕심에 떨어지나니 곧 사람으로 파멸과 멸망에 빠지게 하는 것이라 돈을 사랑함이 일만 악의 뿌리가 되나니 이것을 탐내는 자들은 미혹을 받아 믿음에서 떠나 많은 근심으로써 자기를 찔렀도다 딤전 6:6-10

이 세대의 부자들에게 이렇게 명령하라고 부탁하였습니다.

네가 이 세대에서 부한 자들을 명하여 마음을 높이지 말고 정함이 없는 재물에 소망을 두지 말고 오직 우리에게 모든 것을 후히 주사 누리게 하시는 하나님께 두며 선을 행하고 선한 사업을 많이 하고 나누어 주기를 좋아하며 너그러운 자가 되게 하라 이것이 장래에 자기를 위하여 좋은 터를 쌓아 참된 생명을 취하는 것이니라 딤 6:17-19

특히 18절에서는 "선을 행하고 선한 사업을 많이 하고 나누어 주기를 좋아하며 너그러운 자가 되게 하라"고 했는데 이것이 바로 주는 자, 심는 자, 나누는 자의 삶입니다. 심고 나눌 땅은 우리의 선행의 대상이며 선한 사업의 수혜자입니다.

예수선교사관학교를 통한 교회 개척 비전

여호와께서 내게 대답하여 이르시되 너는 이 묵시를 기록하여 판에 명백히 새기되 달려가면서도 읽을 수 있게 하라 이 묵시는 정한 때가 있나니 그 종말이 속히 이르겠고 결코 거짓되지 아니하리라 비록 더딜지라도 기다리라 지체되지 않고 반드시 응하리라   합 2:2-3

Write the vision; make it plain on tablets, so he may run who reads it. For still the vision awaits its appointed time; it hastens to the end--it will not lie. If it seems slow, wait for it; it will surely come; it will not delay [ESV]

개척한 지 2년이 된 1991년 12월 16일 구소련이 페레스트로이카 정책 후에 16개 나라로 분리 독립하는 역사적 사건이 있었습니다. 선교에 관심은 있었지만 어떻게 해야 할지 모르고 있던 나는 러시아 선교를 잘 하고 있는 미국에 있는 은혜한인교회의 김광신 목사님을 만날 기회가 생겼습니다. 김 목사님은 트레스 디아스Tres Dias[20] 라는 수련회를 통해서 선교에 헌신할 사람들을 찾고, 훈련하는 과정으로 TD를 잘 활용하고 있었습니다. 나는 김광신 목사님이 영적 지도자Spiritual Director로 섬기는

ESTD 1기생 뻬스까도르(수련생)로 입소하여 나흘 동안 흠뻑 은혜를 받고 김 목사님도 뵈면서 교회의 구소련 선교에 대하여서 처음 관심을 갖게 되었습니다.

우리 교회는 예배 참석 인원이 100명이 되지 않던 때였는데 그때부터 교회 헌금의 50% 이상을 은혜한인교회의 러시아 교회 개척 사역에 보내기 시작하였습니다. 당시 러시아는 70년 공산주의 통제 경제체제가 무너지고 자유 시장 경제가 안착하지 못한 상황이라서 빵 한 덩어리를 사기 위해 사람들이 긴 줄을 서서 기다리고 있었습니다. 가게에는 생활필수품이 부족한 것은 물론 사람들이 현금을 마련하려고 집에서 쓰던 옷과 신발을 길거리에서 팔아서 연명을 하는 상황이었습니다. 은혜한인교회는 모스크바에 100여명이 합숙하며 훈련받을 수 있는 모스크바 은혜 신학교를 세워서 졸업생이 교회를 개척하도록 하였습니다. 우리 교회는 즉시 한 교회에 월 200불씩 2년 동안 개척 후원을 하기로 약속하였습니다.

공산주의가 무너진 러시아에는 온갖 회의를 하는 모임 장소로 쓰였던 빈 강당이 많아서 월 100불에 주말에 임대하여 예배를

---

20) 스페인어로 "3일"이란 뜻, 천주교회에서 3일간의 집중 영성 수련회로 발전시켜 온 것을 개신교에서 도입해서 활용한 3박 4일간의 영성 수련회

드릴 수 있었습니다. 졸업생 개척자에게는 월 100불을 생활비로 지급하면 충분하다고 하였습니다. 우리 교회는 온 성도가 선교 헌금을 일 년씩 작정하여 매월 러시아 교회 개척 선교 후원금을 보냈습니다. 이렇게 해서 우리는 2년 동안 32개 교회의 개척 후원금을 지원할 수 있었습니다.

이 년 후 독일에서 열리는 TD에 섬김이로 참석한 후에 러시아를 방문하여 우리가 개척을 후원했던 교회를 방문하는 기회가 있었습니다. 십여 명의 목사들과 함께 한 주 동안 4개 도시를 여행하며 개척된 교회들을 방문하고 목회자들을 만나 볼 수 있었습니다. 그 후 모스크바 은혜 신학교에 강의도 몇 번 가고 했지만 나는 1990년도 후반에 한국에 처음 소개된 셀교회 운동에 열정을 가지게 되었습니다. 결국 러시아 교회 개척 후원을 약속한 기간 2년이 끝나자 다른 구소련 국가에 나가 있는 은혜교회 소속 한인 선교사들을 후원하기로 하였습니다.

우리 교회는 타지키스탄 선교를 적극 후원하였습니다. 교회 청년을 단기로 파송하여 훈련도 하고 저도 수도 두샨베에 있는 교회와 선교 현장도 방문하였습니다. 그 외에도 시베리아 한 가운데 있는 노보시비르스크와 이르쿠츠크에서 사역하는 선교사님들과 현장을 방문하였습니다. 이르쿠츠크에서는 장마당에서 보따리 장사를 하는 중국의 조선족들도 만났습니다. 그들이 함께 묵고 있는 숙소를 찾아가 한국말로 복음을 전하고 영혼을 구원하기도 했습니다. 공산주의 중국에 살면서 러시아에까지 와서 물건을 팔고 있는 동족의 고생하는 모습이 안쓰러웠지만 복음을 전할 수 있어 감사했습니다. 개척 초기에 김광신 목사님이라는 훌륭한 목사님을 알게 된 것과 그분을 통해 선교에 대한 비전을 갖게 된 것은 제 평생의 큰 축복이었습니다. 짧은 경험을 통해서 현지인들을 위한 성경학교를 통해 그들을 훈련하여 교회를 개척하는 것이 매우 효과적임을 볼 수 있었습니다.

개척 후 첫 십 년 동안 교회 부흥에 매진한 후 1999년 안식년을 가지면서 미국의 레마성경훈련소에서 일 년 과정을 공부할 수 있었습니다. 신학대학원의 신학 이론과 지식 중심의 교육의 폐해를 알고 있었으므로 성경학교 교육의 단순성과 실제적인 사역 중심의 교육의 장점을 배우게 되었습니다. 그 때 눈에 띄는 베트남 난민 출신 학생을 통해 베트남에서 지하 신학교를 운영하고 있다는 외국 선교사의 이메일 주소를 받아서 귀국 후에 연락을 하였습니다. 그 후 2000년부터 2005년까지 일 년에 한두 번씩 그 외국선교사가 운영하는 지하 신학교에 가서 말씀을 가르치며 섬겼습니다. 어떤 과목은 교과서로 쓸 케네스 해긴 목사님의 책들을 베트남어로 출판하여 수업 후에 읽음으로써 배운 것을 더 굳게 할 수 있도록 하였습니다.

이런 경험을 통해 하나님께서는 이런 성경학교를 한국에도 세워야 한다는 감동을 주셨습니다. 원래 성경학교 Bible School는 미국에서 시작된 학교로서 대부분의 복음주의 큰 교단에서 운영하는 신학대학원 Graduate Seminary 과정과는 다른 비정규 과정의 학교입니다. 국가가 정하는 일정한 학위를 수여할 수 있는 그런 학교가 아니라 창립자가 목회자를 교육하고 훈련하는 데 자신이 필요하다고 생각하는 것을 가르치는 학교입니다. 개척 십년이 갓 지난 목사로서 교회 개척자를 가르치고 훈련하는 학교를 세운다는 것이 저뿐만 아니라 한국 교회나 사회에서도 보기 드문 일이었습니다. 물론 정부로부터 정규신학대학교나 대학원 인가를 받지 못한 소위 "무인가 신학교"들의 간판들이 상가 건물에 붙어 있는 것은 많이 보았었습니다.

그러나 나는 우리 부부가 미국에서 배운 "새로운 피조물"을 가르치는, 사도 바울이 전한 복음을 한국에 전하는 사명을 깊이 인식하고 있었습니다. 우리 부부는 새로운 피조물의 계시를 중심으로 교회에서 꼭 필요한 셀리더와 교회 개척의 비전을 가진 목회자들을 훈련하는 학교를 세우기를 원했습니다. 마침내 주님의 인도에 순종하여 예수선교사관학교를 분당에서 2년제 학교로 시작하였습니다. 4기생부터는 기간을 1년으로 줄이고 5기생은 목회자들만 한 반을 만들기도 했습니다. 그 후로는 열심

있는 교회의 셀리더들과 교회 개척을 원하는 사역자들은 물론 교회를 개척한 후에 갈급한 목사님들이 입학하기 시작했습니다. 2018년에는 경기도 오산에 있는 그리스도의 대사들 태국인 교회에서 태국인 예수선교사관학교를 시작하였으며, 동시에 방콕과 치앙라이에서 겨울과 여름에 한 주씩 집중 강의를 하는 태국어 예수선교사관학교 과정을 시작했습니다. 아카어로 교재가 준비되는 대로 미얀마에 있는 아카족을 대상으로 태국 예수선교사관학교와 같은 과정을 준비하고 있습니다. 방콕에 동남아 선교센터를 세워서 태국을 중심으로 미얀마, 캄보디아, 베트남 등 인도차이나 반도에 학교를 세우고 제자를 만들어 교회를 개척하는 사도행전의 사역을 이루어 나갈 비전을 보고 있습니다.

2018년 JMA태국 - 방콕, 치앙라이

믿음의말씀사 출판물

구입문의 : 031-8005-5483 http://faithbook.kr

■ 케네스 해긴의 「믿음 도서관」 책들
- 새로운 탄생
- 재정 분야의 순종
- 나는 지옥에 갔다 왔습니다
- 하나님의 처방약
- 더 좋은 언약
- 예수의 보배로운 피
- 하나님을 탓하지 마십시오
- 네 주장을 변론하라
- 셀 모임에서 성령인도 받기
- 안수
- 치유를 유지하는 법
- 사랑은 결코 실패하지 않습니다
- 하나님께서 내게 가르쳐 주신 형통의 계시
- 왜 능력 아래 쓰러지는가?
- 다가오는 회복
- 잊어버리는 법을 배우기
- 위대한 세 단어
- 하나님의 은사와 부르심
- 그 이름은 "놀라우신 분"
- 우리에게 속한 것을 알기
- 성령을 받는 성경적인 방법
- 하나님의 영광
- 은혜 안에서의 성장을 방해하는 다섯 가지
- 사랑 가운데 걷는 법
- 바울의 계시: 화해의 복음
- 당신은 당신이 말하는 것을 가질 수 있습니다
- 그리스도 안에서
- 말
- 방언기도의 능력을 풀어 놓으라
- 옳은 사고방식 틀린 사고방식
- 속량 – 가난, 질병, 영적 죽음에서 값 주고 되사다
- 네 염려를 주께 맡겨라
- 예언을 분별하는 일곱 단계
- 절망적인 상황을 반전시키기
- 당신의 믿음을 풀어 놓는 법
- 진짜 믿음
- 믿음이란 무엇인가
- 그리스도께서 지금 하고 계시는 일
- 충분하고도 넘치는 하나님 엘 샤다이
- 금식에 관한 상식
- 하나님의 말씀 : 모든 것을 고치는 치료제
- 가족을 섬기는 법
- 조에
- 당신이 알아야 하는 신유에 관한 일곱 가지 원리
- 여성에 관한 질문들
- 인간의 세 가지 본성
- 몸의 치유와 속죄

- 크게 성장하는 믿음
- 하나님 가족의 특권
- 기도의 기술
- 나는 환상을 믿습니다
- 병을 고치는 하나님의 말씀
- 영적 성장
- 신선한 기름부음
- 믿음이 흔들리고 패배한 것 같을 때 승리를 얻는 법
- 믿음의 선한 싸움을 싸우는 법
- 하나님의 계획과 목적과 추구
- 예수 열린 문
- 믿음의 계단
- 당신을 향한 하나님의 계획
- 역사하는 기도
- 기름부음의 이해
- 내주하시는 성령 임하시는 성령
- 재정적인 번영에 대한 성경적 열쇠들
- 어떻게 하나님의 영으로 인도받을 수 있는가?
- 마이더스 터치
- 치유의 기름부음
- 그리스도의 선물
- 방언
- 믿는 자의 권세(생애기념판)
- 믿음의 양식
- 승리하는 교회

■ E. W. 케넌
- 십자가에서 보좌까지 무슨 일이 일어났는가?
- 두 가지 의
- 놀라우신 그 이름 예수
- 하나님 아버지와 그분의 가족
- 나의 신분증
- 두 가지 생명
- 새로운 종류의 사랑
- 그분의 임재 안에서
- 속량의 관점에서 본 성경
- 두 가지 지식
- 피의 언약
- 숨은 사람
- 두 가지 믿음
- 새로운 피조물의 실재

■ 스미스 위글스워스
- 스미스 위글스워스의 천국
- 스미스 위글스워스의 매일묵상
- 위글스워스는 이렇게 했다
- 스미스 위글스워스의 능력의 비밀

■ T. L. 오스본
- 행동하는 신자들
- 기적 – 하나님 사랑의 증거
- 새롭게 시작하는 기적 인생
- 좋은 인생
- 성경적인 치유
- 능력으로 역사하는 메시지
- 100개의 신유 진리
- 24 기도 원리 7 기도 우선순위
- 하나님의 큰 그림
- 긍정적 욕망의 힘
- 당신은 하나님의 최고의 작품입니다

■ 잔 오스틴
- 믿음의 말씀 고백기도집
- 하나님의 사랑의 흐름
- 견고한 진 무너뜨리기
- 초자연적인 흐름을 따르는 법
- 당신의 운명을 바꿀 수 있습니다
- 어떻게 하나님의 능력을 풀어놓을 수 있는가?

■ 크리스 오야킬로메
- 방언기도학교 31일
- 여기서 머물지 말라
- 이제 당신이 거듭났으니
- 당신의 인생을 재창조하라
- 이 마차에 함께 타라
- 그리스도 안에 있는 당신의 권리
- 성령님과 당신
- 성령님이 당신 안에서 행하실 일곱 가지
- 성령님이 당신을 위해 행하실 일곱 가지
- 기적을 받고 유지하는 법
- 하나님께서 당신을 방문하실 때
- 올바른 방식으로 기도하기
- 당신의 믿음을 역사하게 하는 법
- 끝없이 샘솟는 기쁨
- 기름과 겉옷
- 약속의 땅
- 하나님의 일곱 영
- 예언
- 시온의 문
- 하늘에서 온 치유
- 효과적으로 기도하는 법
- 어떤 질병도 없이
- 주제별 말씀의 실재
- 마음의 능력

■ 앤드류 워맥
- 당신은 이미 가졌습니다
- 은혜와 믿음의 균형 안에 사는 삶
- 하나님의 참된 본성
- 하나님은 당신이 건강하기 원하십니다
- 영·혼·몸

- 전쟁은 끝났습니다
- 믿는 자의 권세
- 새로운 당신과 성령님
- 노력 없이 오는 변화
- 하나님의 충만함 안에 거하는 열쇠
- 더 좋은 기도 방법 한 가지
- 재정의 청지기 직분
- 하나님을 제한하지 마라
- 하나님의 뜻을 발견하고 따라가며 성취하라
- 하나님의 참 본성

■ 기타 「믿음의 말씀」 설교자들
- 성령의 삶 능력의 삶
- 복을 취하는 법
- 주는 자에게 복이 되는 선물
- 믿음으로 사는 삶
- 붉은 줄의 기적
- 당신이 말한 대로 얻게 됩니다
- 예수-치유의 길 건강의 능력
- 성령 안의 내 능력
- 믿음과 고백
- 임재 중심 교회
- 성령충만한 그리스도인의 지침서
- 열정과 끈기
- 제자 만들기
- 어떻게 교회를 배가하는가
- 운명
- 모든 사람을 위한 치유
- 회복된 통치권
- 그렇지 않습니다
- 당신의 자녀를 리더로 훈련하라
- 오순절 운동을 일으킨 하나님의 바람
- 주일 예배를 넘어서

■ 김진호·최순애
- 왕과 제사장
- 새로운 피조물의 실재
- 믿음의 반석
- 새 언약의 기도
- 새로운 피조물 고백기도집(한글판/한영대조판)
- 성령 인도
- 복음의 신조
- 존중하는 삶
- 성경의 세 가지 접근
- 말씀 묵상과 고백
- 그리스도의 교리
- 영혼 구원
- 새로운 피조물
- 믿음의 말씀 운동의 뿌리
- 1인 기업가 마인드
- 내 양을 치라